サッカー

戦術クロニクル

トータルフットボールとは何か?

西部謙司

KANZEN

装丁　ゴトウアキヒロ（フライングダッチマン）

サッカー

戦術クロニクル

トータルフットボールとは何か?

西部謙司

サッカー

戦術クロニクル

トータルフットボールとは何か？

【目次】

はじめに

トータルフットボールとは何か？

戦術は戦う術で、勝つための手段だ。

手段だから、どういう方法でも構わない。パスをつないで攻めてもいい、ロングボールが有利ならそうしてもいい、カウンターアタックが得意なら生かすべきだ。戦力は先発の11人プラスアルファしかないのだから、手持ちの武器の特性を考慮して戦法を立てるしかない。

戦術というと、すぐにフォーメーションの話になってしまうが、人の並べ方は戦術の一部にすぎない。選手を配置しただけで勝てるなら簡単だ。どういうプレーが有利かを考えて、それをチームで実現する段取りを組み、最終的に人の配置が決まってくる。フォーメーションだけをあれこれいじってみても、仏つくって魂入れずということになりがちである。

さて、さまざまな戦術がある中で、この本では「トータルフットボール」を軸に戦術の変遷を記している。トータルフットボールという言葉を有名にしたのは、1974年に西ドイツで開催されたワールドカップで準優勝したオランダ代表チームだった。だが、トータルフットボールという言葉はオランダ以前にもあり、

「30年代にはオーストリアがトータルフットボールをプレーしていた」

と、リヌス・ミケルスが言っているように、トータルフットボールという言葉そのものはなくても、それらしいプレーをしていたチームはあったようだ。ミケルスは74年のオランダ代表監督で、その前にアヤックスの監督だったときに考案した戦術が74年バージョンの基礎となっている。

トータルフットボールを定義すると、ポジションにこだわらない全員攻撃全員守備ということになるのかもしれないが、これがトータルフットボールだという明確な基準はない。もともとメディアの造語だからだ。

「目指しているのはトータルフットボールだ。しかし、それは永遠に実現できないが」

日本代表の監督も務めたイビチャ・オシムは、ジェフ市原千葉の監督時代にそう言っていた。トータルフットボールは"青い鳥"のようなものかもしれない。時代の変遷につれてトータルフットボールは更新され、到達したと思ったらまだ先にある。そういうものかもしれない。

あえてトータルフットボールを定義してみる。

①現代的または未来的な印象を与える
②優れたチームプレーであること
③攻撃的かつ魅力的であること

固い守備から鮮やかなカウンターアタックを繰り出し、傑出したFWの働きで勝つ。これも優れた戦術には違いないが、トータルフットボールとは呼ばれない。印象として守備的だし、チームプレーによる攻撃というイメージが薄いからだ。ハイクロスを放り込む偶然性に頼った戦術も先進性に欠け、これもとてもトータルフットボールとはいえない。これまで見たこともないような新鮮さがあり、先進的で、しかもチーム全体が美しく連動している。非常に攻撃的かつ技巧的、さらに活発で見応えがある。つまり監督やファンやプレーヤーにとっての理想が、トータルフットボールという言葉に込められている。

戦術が勝利という目的のための手段だとすると、すべてのチームがトータルフットボールを目指す義務などない。それは1つの理想かもしれないが、多くのチームや監督にとっては贅沢品なのだ。実際、サッカー史でトータルフットボールを実現していたと思われるチームは、全体の割合からすればごくごく少数だ。その歴史と変遷を辿るのは、1本の糸をたぐっていくのに似ている。切れそうで切れない黄金の糸。

だが、その金の糸をつなごうとする人々もいる。オシムは極東の国で病に倒れるまで糸をつなごうとしていたと思う。また、世界中に青い鳥を追い求める監督がいる。

トータルフットボールの代名詞となるチームを持った国、オランダは理想への挑戦が半ば義務づけられていて、そのせいかときどき戦術という手段が目的化してしまっている。よいサッカーをしたのに負けたのは納得できない、オランダ人はよくそう言うし、まるで負けたのが不当だといわんばかりの顔をしていることもある。手段は手段にすぎないことを忘れているのは少々滑稽だ。

勝つための手段=戦術は、合理性がなければならない。ただ、対戦相手にも戦術がある。自分たちが勝つために合理的なプレーができたとしても、それで自動的に勝利が転がり込んでくるとはかぎらない。理想的な手段、トータルフットボールを実現したチームは多くの勝利をあげる半面、決定的な敗北を喫している例も少なくない。

最初のトータルフットボールのチームだったといわれる30年代のオーストリア、"ヴンダーチーム(驚異のチーム)"はワールドカップで優勝できなかった。50年代のハンガリーも絶対的な優勝候補といわれながら決勝で痛恨の1敗を喫した。トータルフットボールの代名詞となった74年のオランダも決勝で敗れている。82年のブラジルはベスト4にも残れなかった。

しかし、これらのチームは現在でもよく知られているし、将来も語り継がれていくに違いない。世界一になっても記録に名を残しただけで、そのプレーぶりについては忘れ去られてしまうチームもある一方で、トータルフットボールのチームは永遠にサッカーファンの心に生き続けるだろう。トータルフットボールとは、サッカーの良心でもある。

結局、姿勢の問題なのかもしれない。追い続けて到達できないのはトータルフットボールではなく、100パーセント勝てる戦術のほうなのだ。絶対不死の人間がいないように、絶対不敗の戦術もありえない。勝利という目的を100パーセント達成するための手段はない。目的を達するために最善を尽くすのが手段だけれども、やはり手段は手段にすぎないのだ。さまざまな手段、戦術がある。では、その中でどんな戦術を採るのか。サッカーの世界でどう生きようとするのか。

通常、僕らは死を遠ざけながら生きている。最終的に回避できないとは知っていても、わざわざ死にやすいように生きている人はあまりいない。ただ、死なないために生きることは無理としても、生きるために生きることはできる。サッカーでも敗北は回避できない。長期にわたってただの1敗もしなかったチームなどない。トータルフットボールを実現しても同じことである。けれども、それはより良くサッカーの世界を生きようとした証だ。

Chapter 1

時計じかけのオレンジ

A Clockwork Orange

巨匠ミケルスの傑作

07年、英国タイムズ紙が史上最高監督に選んだのはリヌス・ミケルスだった。彼はまた、FIFAによる「20世紀の監督」でもある。

ミケルスはアヤックス、バルセロナ、1FCケルンなどで指揮を執ったオランダ人。オランダ代表チームを3度率いていて、74年西ドイツワールドカップで準優勝、88年のヨーロッパ選手権で優勝、92年ユーロはベスト4と輝かしい戦績を残している。しかし、ミケルスへの評価はその戦績ではない。何と言っても74年のオランダが見せた衝撃的な〝トータルフットボール〟こそがすべてといっていいだろう。

ミケルス自身は自分たちより以前に「トータルフットボールをやっていたチーム」として、30年代のオーストリア、50年代のハンガリーを挙げている。この2チームも確かに傑出したチームだったが、当時はまだトータルフットボールという言葉は使われていない。全員攻撃全員守備、ポジションチェンジを伴った流動的な攻撃、その2つをイメージさせるトータルフットボールという言葉が使われるようになるのは70年代以降だった。

70年ワールドカップ・メキシコ大会のブラジルは、トータルフットボールをプレーしていたともいえるだろうし、その2年後にヨーロッパ選手権で優勝した西ドイツも、トータルフットボールと称賛された。ただ、サッカー史上での決定版といえば、やはり74年のオランダということになる。

74年西ドイツ大会、オランダは緒戦でウルグアイを2－0で破る。内容はショッキングだった。キャプテンのヨハン・クライフを中心に縦横にパスを回し、ポジションを入れ替え、手を替え品を替えてウルグアイのゴールを脅かし続ける。その攻撃方法は、かつてのハンガリーやブラジルと似ていたが、それらの前時代のトータルフットボールとは決定的に違っている部分があった。守備である。

ウルグアイがボールを持つと、次々にオランダの選手たちが襲いかかっていった。ウルグアイが苦し紛れに前線へ蹴ると、ディフェンスラインを押し上げるオフサイドトラップの罠にやすやすと引っかけた。ウルグアイは、ときに5人もの選手がオフサイドポジションに取り残される醜態を演じている。

ウルグアイは決して弱いチームではない。過去2回の優勝（30、50年）は昔話としても、前回大会の70年には4位に入っている。優勝候補とはいえないまでも、ベスト8に勝ち上がってもおかしくない実力国と考えられていた。そのウルグアイが、完膚無きまでに叩きのめされた。点差は2点だけだったが、この試合でプレーしていたのはほぼ1チームだけだったといっていい。次元の違う戦いぶりは、「他の惑星から来たチーム」という印象すら与えた。オランダは次のスウェーデン戦を0－0で引き分けたものの、ブルガリアを4－1と圧倒して2次リーグへ。アルゼンチンに4－0、東ドイツに2－0、準決勝では前回王者のブラジルに2－0。いずれも圧倒的な勝ちっぷり。決勝では西ドイツに1－2の逆転負けを喫するが、オランダがこの大会のベストチームだったのは間違いなく、その戦法は「未来のサッカー」と形容された。

ボール狩り

では、オランダのトータルフットボールは何が画期的だったのだろう。

フォーメーションは4－3－3（図1）、当時は多くのチームが4－3－3を採用している。この点では、何も変わったところはない。オランダの特徴としては、攻撃面ではローテーションアタック、守備ではプレッシングが挙げられる。

ミケルス監督が着手したのは守備からだ。自陣へ戻りながら人をつかんでいく従来の守り方とは反対に、ボールに向かって前へ出てプレッシャーをかけていく守備戦術を軸に据えた。人ではなくボールに対して守る。戻るのではなく前へ。ミケルスは「ボール狩り」と表現している。

ミケルスが「ボール狩り」を守備戦術に採り入れたのは、74年よりも10年ほど以前に遡る。そのときはオランダではなく、アヤックス・アムステルダムの監督だった。アヤックスのミケルス監督は、手持ちの多くの選手が攻撃的な資質に恵まれていると感じた。攻撃しているかぎりアヤックスは強い。ならば、できるだけ守備の時間を短縮してしまったらどうか…これが「ボール狩

図1　1974年W杯決勝・オランダのフォーメーション

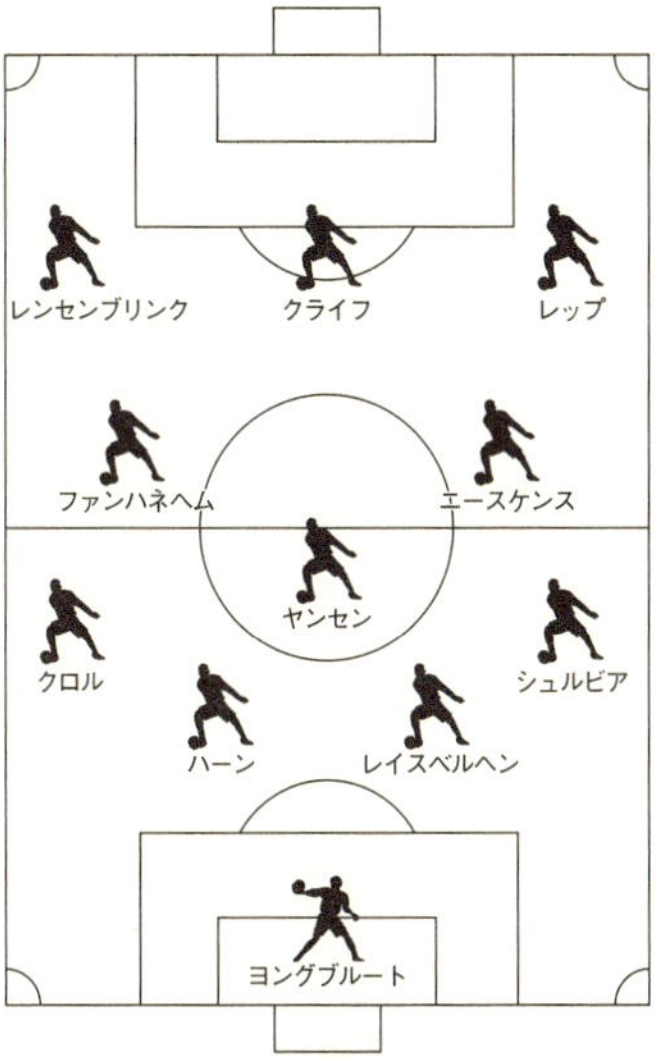

トータルフットボールの代名詞ともいえるチームが74年西ドイツワールドカップで準優勝したオランダ。ほとんどの攻撃は、ハーフラインから相手ゴールまでの間で自由にプレーするクライフを経由し、自在のポジションチェンジが行われた

り」を生む、いわば逆転の発想となった。

ボール狩り、つまりプレッシングは、人ではなくボールに対して行われる。ボールがGKにバックパスされれば、オランダ（アヤックス）の選手はGKにもプレッシャーをかけていく。まずボール。相手がそこで止まってしまえば2人目、3人目までもがボール奪取に押し寄せていく。もし、相手が横パスや後方へのパスを選択すれば、最初にプレッシャーをかけに動いた選手は、さらにボールを追っていく。この場合、最初にプレッシャーをかけにいった相手を無視する、あるいはマークを捨てることになるのだが、そのときは後方の味方が前進して、捨てたマークを拾うのだ。

つまり、相手MFにプレッシャーをかけたMFは、相手がボールを下げたら、今度は相手DFへプレッシャーをかけ、ボールを離した相手MFに対してはオランダのDFがマークするというように、FW、MF、DFの3ラインが1列ずれていくような形で全体を押し上げてしまう。緒戦で当たったウルグアイが5人もオフサイドゾーンに取り残されたのは、オランダのディフェンスラインがすでに中盤まで押し上げられていて、事実上ディフェンスラインが消滅していたからだ。オランダのDFたちは、ウルグアイのFWには目もくれず、味方が捨てていった相手のMFを拾うために前進していた。

こんな大胆な守備戦術を用いるチームなどなかったから、ウルグアイが面食らったのも当然であろう。いつもは自分（FW）をマークするために居残るはずのDFが、自分を置き去りにしてボール方向へ殺到していくのだから。当時の映像を見ると、途方に暮れたような表情が並んだウルグアイのベンチが映し出されている。その当惑は、テレビを見ている視聴者も同じだったかもしれず、ウルグアイだけでなく、ブルガリアもアルゼンチンも同じであった。

自陣へ戻って相手をマークするという受動的な守備から、「ボールを狩る」という積極的な守備への鮮やかな転換であった。ディフェンスの概念が、パッシブからアグレッシブへと劇的に変わっていく節目だったといっていい。

ただし、オランダがいつ何時でも「ボール狩り」を発動していたわけではない。ボール狩り、つまりプレッシングは、ボールへのプレッシャーと後方からの押し上げがセットになっている。これは今日でも変わらない原則だ。ボールにプレッシャーがかからない状態でディフェンスラインを押し上げてしまえば、敵の2列目が飛び出すだけでオフサイドトラップは破られてしまう。実際、74年のオランダにもそうしたケースが散見されるのだが、基本的にはボールへのプレッシャーに後方の押し上げが連動していた。

この連動性は、トータルフットボールの大きな特徴だ。ボールにプレッシャーがかかっている「オン」の状態ならば、全選手がボール狩りを行うべく連動する。プレッシャーのない「オフ」の状態なら、リトリートしながら相手選手をマークする従来のやり方で守る。その状況判断がカギになるのだが、アヤックスでこのやり方に馴染んでいる選手がスタメンに7人いたので、いつプレッシングを行い、いつ行わないかという判断を共有できていたのは大きかった。実は、74年のチーム自体は準備期間が極めて短かったのだ。

予選時の監督はチェコ人のドクター・ファドルホンツだった。この予選でのオランダは調子の波が激しく、ノルウェーを9－0で粉砕したかと思えば、ライバルのベルギーとは2引き分けに終わっている。オランダ協会は、予選途中でテコ入れとしてファドルホンツとは別の監督を加えた。しかし、この二頭体制はかえって現場を混乱させただけ。辛くもワールドカップ出場は手に入れたものの、ほとんど内部分裂していた。本物の敵に敗れる前に、内側から崩れていくのはオランダの癖だ。これは現在まで続いている。

例えば90年イタリアワールドカップ、レオ・ベーンハッカー監督よりもヨハン・クライフの監督就任を望んでいたルート・フリットやマルコ・ファンバステンらは、不満分子として燻り、本大会では優勝候補だったにもかかわらず実力を発揮できないままベスト16で姿を消した。次の94年米国大会の直前には、キャプテンだったフリットがディック・アドフォカート監督と対立して自らチームを去っている。96年のユーロは、フース・ヒディンク監督とクラレンス・セードルフが対立、セードルフは本国送還となった。98年フランスワールドカップでも、スリナム系の黒人選手と白人選手の不仲が取り沙汰された。06年ドイツ大会は、ファンバステン監督とルート・ファンニステルローイに溝が生じ、ロビン・ファンペルシがアリエン・ロッベンに対して「ドリブルばかりする」と中傷するなど、やはり一枚岩とはいかなかった。

オランダの〝お家騒動〟は、もはや定番といっていい。例外としては、2人の監督の在任時ぐらいしかない。1人は78年アルゼンチンワールドカップで指揮を執ったオーストリア人、エルンスト・ハッペル。彼は70年にフェイエノールトをヨーロッパチャンピオンズカップ優勝に導き、オランダに初めてのビッグタイトルをもたらした大物監督で、のちにハンブルガーSVを率いてやはりヨーロッパチャンピオンになっている。異なる2つのクラブでビッグイヤーを獲得したのはハッペルとオットマール・ヒッツフェルト（ボルシア・ドルトムントとバイエルン・ミュンヘン）だけだ。ハッペル監督のハンブルガーに在籍していたことがあるフランツ・ベッケンバウアーは、「最高の監督」としてその手腕を絶賛している。

そしてもう1人は、もちろんリヌス・ミケルスだ。逆に言えば、サッカー史上のトップ10に入るハッペルとミケルスが監督だったとき以外は、ほぼ例外なく内に問題を抱えるお国柄なのである。

74年のときもそうだった。二頭体制が混迷を極め、協会は本大会の数週間前になってミケルスをテクニカル・ディレクターという名目で招聘した。このとき、ミケルスはスペインのバルセロナで監督をしていたので、クラブと代表との掛け持ちであった。ただ、さすがにタダ者ではない。あっという間にチームをまとめ、〝監督〟として全権を掌握した。中心選手だったビム・ファンハネヘムによると、

「ミケルスは選手を個別に呼んで面談した」

ところが、その内容はといえば、

「君の力はよくわかっている。いつもクラブでやっているようにプレーしなさい」

これだけだったそうだ。おそらくは、全選手に同じような言葉をかけていたのだろう。頼りにしている、存分にやってくれと。トータルフットボールはミケルス監督の下、綿密な準備をして構築されたという当時の報道は間違っていたようだ。そもそも就任したのが大会直前なのだから、ほぼぶっつけ本番なのだ。ただし、戦術面についてはレギュラーメンバーのうち6人は自ら手がけたアヤックスの選手たちで、クライフも元アヤックス（74年時はバルセロナ）だったから、7人がミケルスの戦術を熟知していた。つまり、残りの4人をアヤックス・スタイルに組み込めばよかったのだ。

そのうち2人はフェイエノールトのファンハネヘムとビム・ヤンセン、中盤の後方部隊だ。アヤックスのライバルだったフェイエノールトは、プレースタイルは違っていたがアヤックスの戦法をよく知っている。その意味で、全くの外様はベルギーのアンデルレヒトにいた左ウイング、ロブ・レンセンブリンクとGKのヤン・ヨングブルートだけだった。ごく短期間の準備でトータルフットボールを完成させたというよりも、下地は整っていたわけだ。

ちなみに、ハッペルも話の短い監督として有名だった。指示はほとんど単語2つか3つですませるほどだったという。ミケルスの面談も、戦術的な意味はほとんどない。しかし、多言を労せずとも選手を心服させてしまうカリスマ性が2人にはあったのだろう。

さて、ミケルス監督が代表チームに持ち込んだアヤックス・スタイル、その大きな特徴であるプレッシングは選手間の共通認識が前提になっている。プレッシャーがオンかオフかを見分ける感性を共有し、オンならばただちに全体が連動して「ボール狩り」を行う。連動はGKにも及ぶ。FCアムステルダムという弱小クラブにいたヨングブルートは、本大会前には控えのGKにすぎなかった。

オランダにはペーター・シュリベールスという名GKがいた。だが、ミケルスがヨングブルートを抜擢したのは、前に強いGKだったからだ。プレッシングでディフェンスラインを押し上げるときには、GKも連動してポジションをとり、ディフェンスの後方のスペースを〝リベロ〟としてカバーした。ヨングブルートはグローブもはめず、シュートに対して足が先に出るようなGKだったが、ペナルティーエリアの外へ出て行ける〝前に強い〟特性はミケルスの戦術にうってつけだった。

ディフェンスラインの押し上げは、ボールへのプレッシャーがオンのときに敢行されるが、オフに近いケースでもオフサイドトラップを仕掛けることがあった。それは自陣のペナルティーエリアのすぐ外側である。「相手陣内のみでプレーを続ける」がプレッシングの理想だが、実際には攻め込まれることもある。しかし、オランダは基本的にペナルティーエリアの外までしか後退しなかった。

ボックス内は守るつもりがない、とでもいうような守り方なのだ。中盤まではマンマーク・ベースで付いているが、自陣のペナルティーエリアまで後退すると、フラットなラインを敷いて、そこから後方には下げない。裏へ飛び出す相手は、すべてオフサイドにしてしまおうという、かなり大胆な、言い方を変えれば相当横着な守り方をしていた。

ゴール前40メートルまで攻め込まれた場合、とくにプレッシングという戦法を採っていなくてもボールへのプレッシャーはかかっている。オランダは、さらにプレッシャーを強めると同時に、最終ラインをペナルティーエリアの外にキープしてオフサイドトラップを仕掛けた。相手がボールを後方へ下げたり、味方がクリアしたときには一気にディフェンスラインを押し上げる。要は、ディフェンディング・サード（ピッチを3等分に割った中の自陣側のスペース）においては常時ボール狩りを行っている形だ。それでも、プレッシャーをかいくぐられ、ディフェンスラインの前でフリーでボールを持たれることも稀ではあるが何回かはある。しかし、そういうケースでもラインはほとんど下げず、オフサイドに仕留めるほうを選ぶことが多かった。ペナルティーエリア内は、GKヨングブルートの守備範囲と割り切っていたようだ。

このプレッシャーがオフの状態でのオフサイドトラップに関しては、センシティブな感覚が要求される。一歩間違えれば、ボックス内でGKとFWが1対1になる危険をはらんでいるからだ。しかし、オランダのDF陣はセンシティブというよりも、オフサイドに引っかけることを楽しむかのように不敵に守っていた。相手がそういう戦法に慣れていないゆえの、パイオニアの強みもあったろうが、オランダ人の性格にも起因していると思われる。この点については後述したい。

さて、このような大胆不敵な守備戦術を用いていたオランダだったが、74年大会の7試合で3

失点しかしていない。1点はブルガリア戦のオウンゴール、これは典型的なオフサイドトラップのかけ損ねが原因だった。残りの2点は決勝の西ドイツ戦で、1点はパウル・ブライトナーのPKだ。つまり、この大会で流れの中から相手選手に入れられた失点はわずか1点だけなのだ。その1点、オランダが喫した最後の失点が、西ドイツの優勝を決めるゲルト・ミュラーのゴールになったのはいかにも不運だった。ただ、ほとんど常識外れのような守り方をしていたわりには、実に守備の固いチームだったのは確かである。

ローテーションアタック

革新的な守備戦術を披露したオランダだが、世界中のファンを魅了したのは圧倒的な攻撃力のほうである。それだけのメンバーも揃っていた。

GKヨングブルートが〝リベロ〟兼任だったことはすでに記した。彼の奇抜さは、のちのコロンビア代表GKレネ・イギータやメキシコのホルへ・カンポスに通ずる。

センターバックはアリー・ハーンとビム・レイスベルヘンのコンビ。ただし、ハーンはあまり最終ラインにはおらず、レイスベルヘンより前方でプレーすることを好んだ。このハーンのポジショニングは、90年代にアヤックスやバルセロナがやって有名になる3－4－3システムの元となっている。ハーンは前にいるセンターバックで、攻撃時には中盤の底からパスを捌いた。もともとMFであり、4年後のアルゼンチン大会では40メートル級のロングシュートを2本ぶち込む離れ業で決勝進出に貢献している。

サイドバックは右にビム・シュルビア、左がルート・クロル。ともに大柄で馬力があり、40メートルを走って前線へ飛び出す攻撃型のサイドバックだ。テクニックも申し分なく、クロルは次のアルゼンチン大会では技巧的なリベロとして、また違った持ち味を発揮していた。彼らのダイナミックな攻撃参加、アグレッシブなプレースタイルは、このチームの象徴といえるかもしれない。

MFは3人構成。フェイエノールトのビム・ヤンセンとビム・ファンハネヘムが後方部隊、アヤックスのヨハン・ニースケンスが主に攻撃的な役回りだ。技術的にはヤンセンとハネヘムのほうが、ニースケンスより上だった。逆に、ニースケンスは2人よりも運動量があり、スピードにも優れ、守備力も高い。資質としては前後が逆のようだが、これが彼らのオリジナルポジションなのだ。

ヤンセンは、のちにサンフレッチェ広島の監督となり、浦和レッズではハンス・オフト監督の参謀役を務めた日本にも馴染みのある人物である。小柄でプレーぶりは地味だが非常にテクニックがあり、左サイドから繰り出す右足アウトサイドのクロスなどは、これが十八番のクライフも顔負けの精度があった。守備者としても読みの鋭い、クレバーな選手だった。ファンハネヘムは、このチームでクライフと並ぶ大物だ。〝レフティ・モンスター〟の異名で呼ばれ、体格も立派でボール奪取力は際立っている。あまりスピードはないが、左足から繰り出す長短のパスは正確無比。ヘディングも強く、ボールキープ力も抜群。攻守両面で強力なプレーメーカーだった。

ニースケンスはクライフの〝影〟だ。クライフが中盤に引いてくれれば前線へ駆け上がってシュートを放ち、クライフが前に出れば中盤へ引く。アヤックスのコンビは、大会後にはバルセロナでも組んでいる。2人ともファーストネームがヨハンで、野球をやっていたのも共通項だ。クライフはキャッチャーで野球でも司令塔。しかし、ニースケンスはプロから誘いがくるほどの野手だったそうだ。猛烈なスライディングタックルは野球で身に着けたという。プレースタイルの異なる2人のヨハンはお互いに補完関係にあった。繊細で頭脳的なクライフと、タフで戦闘能力の高いニースケンスは、どちらも同じポジションをこなしながらプレーがかぶらず、上手く分担ができていた。

3トップの右はヨニー・レップ。当時のウイングプレーヤーとしては毛色が変わっている。大柄で縦への突進力があったが、あまり技巧派というタイプではない。強烈な右足のシュート、ゴール前に飛び込んでのヘディングシュートなど、ウイングというよりストライカータイプだった。やけに思い切りがいいのは、このチームの特徴でもあるが、なかでもニースケンスとレップはそうだ。ヤンセンやハネへムが〝静〟の部分でチームを落ち着かせていたとすれば、レップとニースケンスは〝動〟である。

左ウイングのロブ・レンセンブリンクは左利きで、利き足は反対だがプレースタイルはクライフとよく似ている。キレのあるドリブルを得意とし、パスも上手く、得点感覚も鋭い。容姿も似ていて、ユニフォームの裾をパンツの外に出すのと、長袖を腕まくりする癖がなければ、見分けがつかないほどだった。次のアルゼンチン大会では、クライフの後継者として攻撃を牽引した。

個性的な役者が揃った74年のオランダだが、やはりヨハン・クライフを抜きには語れない。78年も、クライフ以外はほぼ同じメンバーで戦い、同じく準優勝しているが、まるで別のチームのようだった。クライフの存在は、それほど大きかったのである。

そのプレーぶりについては、多くを語る必要もないだろう。両足を自由に使い、利き足でない左足のアウトサイドでも中距離パスを蹴るほど技術の幅があった。瞬間的な加速力を生かしたドリブル、〝クライフ・ターン〟に代表される個性的なトリックプレーの数々。しかし、74年のチームで最も光っていたのは、アイデアをスピードに結びつけた点ではないだろうか。

個人としても緩急の利いたプレースタイルなのだが、それをチームの攻撃リズムに結びつけている。クライフは〝追い越されるセンターフォワード〟だった。

ポジションはセンターフォワードなのだが、ゲルト・ミュラーのようにペナルティーエリア内だけでプレーするタイプではない。むしろ、ボックスへの侵入回数は少ないほうなのだ。例えばクロスが上がってきたときに、常にゴール前でシュートできるポジションにいるわけではなかった。クライフ自身がクロスを蹴っていたり、中盤でそのお膳立てをしているからだ。

守備のときにはハーフライン付近にいることが多い。味方がボールを奪い、ハーフライン付近にいるクライフにボールが入ったとき、彼のスピードを生かしてカウンターアタックを仕掛けるのが1つパターンだった。この点では、後年のロナウドやシェフチェンコのようなFWである。ところが、クライフには別の特徴もあった。一気に相手ゴールを急襲できないときは、そこでタメを作ってパス回しの中心になるのだ。ゲームの構成力に秀でていて、状況を素早く読み取り、的確に対処する能力は群を抜いていた。目と足が直結している選手で、どんな状況でも瞬時に正解を弾き出す。その演算スピードの早さは、この時代の他の選手には見られない。

クライフがハーフライン付近でタメを作ると、味方はどんどん彼を追い越していく。まずボールを取られることがないので、味方はどんどんセンターフォワードを追い抜いて飛び出していった。クライフは味方にパスを捌き、さらに受け、スルーパスを出したり、サイドへ展開したり、自らも主に左サイドに出て正確無比なクロスを供給した。ミュラーなら、ハーフラインでボールを受けても近くの味方へ渡すだけだ。そこからゴール前までボールを運ぶのはチームメートの仕事で、ミュラーは彼の仕事場であるゴール前へ移動していく。ところが、クライフの場合はストライカーになったり、プレーメーカー、ウイングと状況に応じて役割を変える。そのたびに、彼のチームメートもポジションと役割を変えることになった。ニースケンスはクライフの代わりにセンターフォワードとなって、クロスに飛び込むことが多かった。レンセンブリンクやレップもそうだ。

このクライフの動き方は、現代ではASローマのフランチェスコ・トッティがよく似ている。

味方がボールを奪い、敵陣へつないでいく状況になると、敵のＤＦはゴール方向へ引いていく。このときミュラーならば、敵と一緒に前方へ移動していくが、クライフはそこで止まるか少し自陣方向へ引くのだ。引いていくＤＦと止まるクライフ、そこに相手のディフェンスラインの前でボールを受けるスペースが生まれる。また、そこでボールを受けたときのクライフは最も力を発揮できる。ドリブルで抜くこともできれば、パスを捌く能力もある。80年代に全盛期を迎えることになる〝トップ下〟としてのプレースタイルといっていいかもしれない。

見逃してはならない重要なポイントとして、まるでポジションなどないようなオランダの攻撃がプレッシングと連動していることだ。前方へのベクトルを持ったプレッシングでボールを奪うと、そのままの方向性と勢いを維持して攻め込むのが有効だった。つまり、ＭＦがボールを奪えば、背後からサポートに来ていたＤＦはそのままＭＦを追い越して前へ出た。当然、ポジションは入れ替わる。誰もが、自由に攻撃へ参加した。

ただ、この全員攻撃の戦法にも弱点があった。そもそも全員が同じ攻撃能力を持っているわけではない。全員攻撃全員守備は理想的だが、現実にはそれぞれにスペシャリティがあるわけで、実はサッカーでは分業のほうが効率的なのだ。チャンスの山を築きながら、オランダの攻撃にそれほど生産性がなく、チャンスのわりには得点に結びついていないのは、おそらくそのせいだろう。

選手同士のコンビネーションの問題もある。互いの特徴を知った者が一定の位置関係にあることで、意思の通った攻撃が可能になる。この選手はワンタッチで返す、この選手は返さない、彼はこの状況では裏を狙う、足下で受けたがる、ワンツーを狙う…そうした相互理解があるとプレーの「タイミング」を操作できる。しかし、ポジションがあまりに頻繁に入れ替わり、選手同士の関係が一定でなく崩れすぎてしまうと、精緻なコンビネーションは発揮しにくくなるものだ。

オランダの場合、ポジションが崩れてピッチ上が混沌としてきたときには、クライフにボールを預けてしまえばまず間違いがなかった。ただ状況を見るのではなく、見抜く目を持っていたからだ。それぞれの選手には、それぞれにピッチ上の景色がクリアに見える場所がある。サイドだったり、後方だったり、最前線だったり。逆にそうでない場所では、視界には入っていても解決策が浮かばない。見えているだけで、見抜いていないからだ。

「瞬間的に最低2つ、3つないし4つのアイデアがあればいいでしょう。私はもっと持っていますが」

クライフの言葉は本当だと思う。ピッチ上のどこにいても、どんな景色に遭遇しても、自分の庭にいるように、何をどうすればいいかわかっているようだった。混沌の最中で、ただちに即興的に秩序を打ち立てる力量で、比肩する者はなかった。74年のオランダを表すキーワードとして、当時の選手たちが口にしていたのは「混沌と秩序」だ。ブラジルでは、全く同じ意味を表す「バグンサ・オルガニザータ」という言葉があるが、これも傑出したトータルフットボールのチームの共通点であろう。クライフは、彼独特のやり方で混乱の中に秩序を打ち立て、また即座に新たな混沌を作り出せる演出家で、やはりこのチームに欠くことのできない柱であった。

現代サッカーのデフォルメ

74年のオランダは、21世紀の今日で見ても驚きに満ちている。

当時、オランダは「未来のサッカー」と称賛されたが、いま見てもどこか〝未来的〟な気がするぐらいだ。違う言い方をすると、74年に「未来のサッカー」と呼ばれていたオランダのプレーは、現代のサッカーになっていない。その意味で、74年のオランダは「未来のサッカー」ではなかった。

20世紀のアニメやSF小説では、「21世紀の未来」が描かれていた。その中には、すでに実現しているものもある。携帯電話などは、予想以上に発達しているのではないか。反面、全く実現していない、いまもって未来でしかないものもある。まだ21世紀のはじめとはいえタイムマシンはないし、空中のチューブの中を自動車が走っているわけでもない。かつて想像していた未来と比べると、現代はそれより進化したものもあれば、そうでないものもあり、いまになって当時想像されていた「未来」を振り返ると、妙にレトロな「未来」だったりもする。

74年のオランダは、いわばデフォルメされた現代サッカーだ。

ボール狩りと呼ばれたプレッシングやオフサイドトラップは、現代サッカーの戦術的な柱になっているが、オランダほど極端な形で露出してはいない。流動的なローテーションアタックについてもそうだ。現代の戦術に大きな影響を与えたチームだったのは間違いないのだが、オランダのサッカーをそのままやっているチームはない。時代を逆さに眺めてみると、74年のオランダは現代サッカーの戦術の重要な要素を取り出し、極端に強調した形で提示していた。まるで現代サッカーのデフォルメであり、場合によってはパロディのようにさえ見えるのだ。

西ドイツワールドカップが開幕したとき、オランダは優勝候補ではなかった。クラブとしてはアヤックスがチャンピオンズカップに3連覇し、その前にはフェイエノールトがチャンピオンになっている。70〜73年の4年間はオランダのクラブが王座を独占していた。ならば、オランダ代表もワールドカップの優勝候補と考えるのが自然だと思うのだが、実際にはそうではなかった。クラブは強いが、代表はあてにならない。それが当時のオランダ評だったのだ。

ワールドカップにも初出場同然だった。34、38年大会に連続出場していたものの、38年はオランダ領東インドの代表チームで、これはオランダというよりもむしろ現在のインドネシアである。いずれにしても40年前の出場では、オランダの選手やファンにとって74年大会がほとんど初出場という意識であったろう。もし、オランダが1つのチームとしてまとまることができれば、ダークホースになりうる。そう考える人は少なくなかったものの、優勝候補は開催国で2年前のヨーロッパ選手権でも優勝した西ドイツであり、前回覇者のブラジル、準優勝のイタリアだった。国内で反目しているアヤックスとフェイエノールトを1つにまとめるのは難しく、それは予選の戦いぶりにも表れていたからだ。

オランダにプレッシャーは少なかった。それが冒険的な戦法を行ううえで有利に働いたのではないだろうか。もう1つ、彼らの思いきりのよさは国民性によるものだと思う。

オランダ人の気質として、一般的にケチ、合理主義、自由を好み束縛を嫌うなどが挙げられるが、それは水浸しの土地を干拓し、狭い領土を守ってきた歴史からきているそうだ。豊かな土地でないために長く大国の支配を受けなかった。干拓は共同体単位で行われ、他国の侵略もなかったために、小さな共同体が自主独立でやっていた。共同体の秩序を維持するために平等が掲げられ、支配を受けないから自由でもあった。そして、ネコの額のような土地を切り盛りしていく才覚と倹約精神が養われた。

自由、平等、進歩主義、合理精神、倹約家…ステレオタイプのオランダ人像だが、こう並べてみると筋がとおっている気もする。サッカーでも彼らは非常に合理性を重んじる。ときには非合理に思えるほどに。

例えば92年のユーロ準決勝、前半でオランダはデンマークにリードされていた。監督はミケルスで、フリット、ファンバステン、ライカールト、クーマン、ベルカンプといった錚々たるメンバーが並んでいた。オランダの強力な攻撃は、デンマークの粘り強い守備の前で停滞気味だった。すると、後半のアタマからミケルス監督はライカールトをトップに上げて、いきなりハイクロス一辺倒の攻撃に切り替えたのだ。あれだけのメンバーがいるのだから、45分間上手くいかなかったとしても、いきなり残り時間5分のような放り込みにしなくてもよさそうに思える。しかし、オランダ人はこう考える。45分間、パスワークを駆使して攻めてみたが上手くいかなかった。すでに相手にリードを許している。前半が上手くいかなかったのだから後半は変える必要がある、と。確かに筋は通っている、合理的だ。けれども、あまりにも割り切りすぎにも思える。ただ、このときはハイクロスで同点に追いついたのだが（延長ＰＫ戦で敗退）。

ミケルスは、実は74年の決勝でも同じようなことをやっている。1－2と西ドイツにリードされると、後半は左右からどんどんクロスを放り込む攻撃に的を絞って攻め立てた（このときは追いつけなかった）。こうした合理性と思い切りのよさはオランダ人監督の特徴で、フース・ヒディンク監督などは典型だと思う。

74年のオランダが用いた戦法は、オランダ人の気質に合致していた。非常に合理的で、自由で、突飛なぐらい思い切りがよかった。新しいこと、自分たちが正しいと思うことをやる。そういうときのオランダ人は生き生きとしているようだ。

精巧で非情な機械を思わせるプレースタイルから、オランダは「時計じかけのオレンジ」と呼ばれた。スタンリー・キューブリックの映画のタイトルである。オランダのユニフォームの色であるオレンジからの連想だろうが、いまにして振り返ればキューブリックの近未来的な作品とオーバーラップするところもある。オランダの選手たちは未来的な、あるいは当時想像されていた〝未来〟を体現するような雰囲気をまとっていた。

オレンジ色のユニフォームは日差しを受けるとまぶしいほどで、当時こんな色のジャージは珍しかった。選手はことごとく長髪で、ジャラジャラと装飾品を身に着けている。ユニフォームをだらしなく着こなし、プレー中にもよく笑っていた。そのプレースタイルは、まるで勝っても負けてもどうでもいいようにさえ見えた。決勝では、開始1分のＰＫ担当のニースケンスは、すべてインステップで力一杯蹴り込んでいる。決勝では、開始1分のＰＫを何とゴールのど真ん中へ蹴った。

ミケルス監督は厳格さで知られていたが、合宿地の管理に関しては極めて自由だった。西ドイツが〝マレンテの要塞〟と呼ばれたキャンプ地に引きこもり、メディアもシャットアウトしていたのとは対照的に、オランダは家族やガールフレンドの出入りも自由。ミケルス監督自身も、スペイン国王杯のために大会中にバルセロナとの間を往復していた。この自由さがアダとなり、決勝の直前に合宿所にコールガールを呼び込んで大騒ぎしたのが新聞にすっぱ抜かれて大問題になった。ドイツの新聞社による〝仕込み〟だったという噂もあるが真相はわからない。

オランダはエネルギーにあふれていた。快活で破天荒な、それゆえの危うさもある、とてもとんがったチームという印象を与えている。斬新なプレースタイルだけでなく、それを実行するチーム自体に開拓者特有の勢いが感じられたのだ。戦術だけでなく、チームそのものが前のめりで、それが大きな魅力でもあった。

そのオランダを破った西ドイツは、開催国のプレッシャーを背負いながら必死の力闘を続けて決勝まで辿り着いていた。2年前の72年にヨーロッパ選手権で優勝したときの西ドイツは、むしろ74年のオランダに近いチームだったのだが、2年後の彼らは本来の闘うドイツに戻っている。決勝でも開始1分で先制される窮地に陥ったにもかかわらず、不屈の精神力で盛り返して前半のうちに逆転、後半はオランダの猛攻に耐え抜いた。この決勝で、西ドイツはクライフをはじめオランダのアタッカーをマンツーマンで抑え込む作戦を立て、見事に実行していた。オランダのポジションチェンジについていくため、西ドイツのポジションも本来の立ち位置からは逸脱していたのだが、彼らはそこから攻撃に転じている。オランダのトータルフットボールを飲み込んで、仕掛けられた技をそのまま裏投げしたような形になった。西ドイツは、意図せずにトータルフットボールを演じたのだった。

54年にハンガリーを破ったのに続き、またしても西ドイツが史上に残る〝ベストチーム〟を逆転で下した。「ベストチームは勝利しない」というジンクスができた。82年のブラジルもその轍を踏むことになる。ただ、国がナチス・ドイツに併合されて消滅したオーストリアや、主力選手の亡命で分裂したハンガリーと違って、74年のオランダに試合に負けたという以上の悲劇はない。開始1分の1点で、勝てるとタカを括ってしまったのは痛恨の極みだろうが、西ドイツほど決勝の重みも理解していなかったに違いない。破天荒な革命児は世界のファンを魅了し、多くの謎も残しながら、消化不良の決勝に首をひねりつつ大会を終えた。

Chapter 2

ACミランのルネッサンス

The Renaissance of AC Milan

セールスマンから名監督へ

オランダのトータルフットボールは近代サッカーの革命だった。74年のオレンジ軍団は「未来のサッカー」と称賛された。しかし、オランダのサッカーがそのまま現代で行われているかというとそうではない。ある意味、早すぎたチームであった。

しかし、その後80年代末に現れたACミランの戦術は、現代サッカーにほぼそのまま受け継がれているといっていい。

やはり1人の天才的なコーチがすべての出発点となった。アリゴ・サッキなくして、ミランの〝ルネッサンス〟は語れない。サッキがミランの監督に就任したのは1987年、前シーズンのコッパ・イタリアでミランに2勝したのが、ミランの会長に就任したシルビオ・ベルルスコーニの目にとまり、異例の抜擢につながっている。

サッキは選手としての輝かしいキャリアを持っていなかった。それどころか、プロ選手ですらなかった。リヌス・ミケルスがそうだったように、名選手でなくても名監督となった例はいくらでもある。ただ、プロ選手の経験すらないとなるとさすがに珍しい。

「よい騎手である以前に、よい馬である必要はない」

サッキは記者会見で名言を吐いたが、監督就任当初の風当たりは非常に厳しかった。父親の経営する会社で靴のセールスマンとして働いていて、もちろんサッカーはやっていたが、5部のディレッタンティというアマチュアクラブだった。コーチとしては、チェゼーナのユースを経て、82年に当時セリエCのリミニの監督に就任する。やはりセリエCだったパルマの監督になったのが85年、1シーズンでセリエBに昇格させた2シーズン目に転機が訪れたわけだ。

ベルルスコーニはサッキ監督の率いるパルマのプレーぶりを目の当たりにして、売り出し中の戦術家を招聘するのだが、これは慧眼というほかないだろう。メディア界の風雲児、のちにイタリア首相となるベルルスコーニならではの決断力だ。もしサッキが来なければ、ミランの監督はファビオ・カペッロが務めるはずだった。カペッロはイタリア代表でもプレーした華々しい選手時代を送り、頭脳明断でリーダーシップも備えた幹部候補生。サッキが登用される前シーズンには、途中で退任したニルス・リードホルム監督を引き継いでシーズン終了まで指揮を執っていた。それを事務方に棚上げしてまで全く無名の監督を連れてきたのだから、クラブ内外に波風が立たないはずがない。ほぼ独断の人事を敢行し、周囲を抑え込んだのはベルルスコーニの威光だろう。

サッキは会長の期待に応え、最初のシーズンでセリエA優勝を勝ち取る。ディエゴ・マラドーナがいたナポリを制してのスクデット獲得、それ以上にプレー自体がセンセーショナルであった。翌年の88－89シーズンにはチャンピオンズカップ優勝、その次のシーズンも勝って連覇を成し遂げた。通算で7回もヨーロッパチャンピオンとなるミランだが、その輝かしい歴史上でも、サッキ監督の率いた連覇チームこそ最強といわれている。

ゾーンディフェンス

アリゴ・サッキ監督の導入した戦術は斬新だった。マンマークでリベロを置く守備戦術が支配的だったイタリアで、ゾーンディフェンスとプレッシングを採り入れている。カテナチオからの訣別であった。

サッキ自身の解説によると、戦術を構成する主な要素は4つ。

①ゾーンディフェンス
②プレッシング
③オフサイドトラップ
④ローテーションアタック

この4つの要素はすべてリンクしている。そして、この4つはすでに74年のオランダが実践していた。そのことはサッキも認めている。

「この戦術は私の発明ではありません。すでに74年のオランダが行っていましたし、遡れば50年代のホンブド（ハンガリー）もそうでした。80年代にもリバプールというサンプルがありました」

ただし、ミランはオランダともリバプールとも違っていた。元になるアイデアは拝借、または継承したものかもしれないが、できあがりが違うのだ。サッキは、過去の偉大なチームの遺跡を掘り起こし、見事に再構築してみせた。簡単にいえば、オランダのサッカーを整理し直したのだ。その結果、ミランに74年オランダにあった粗さはなく、非常に機能的で洗練されたチームに仕上がっている。ミケルスとクライフのオランダにあった粗さは大胆さと表裏一体で、それが魅力でもあったのだが、あまりにも時代より先に〝つんのめり〟過ぎていた。オランダは衝撃を与え、「未来のサッカー」と称賛されたものの、そのまま他チームが真似るのは危険すぎたのだ。そこを上手くまとめ上げたところに、サッキ監督の功績がある。

まず、ゾーンディフェンス。人に付くのではなく、ボールに対して守備を行い、システマティックにカバーリングポジションをとる。ゾーン自体は、世界的に多くのチームが採用しているスタンダードな戦術だ。イタリアでは珍しかったが、サッキが就任する前シーズンまで監督だったリードホルムも、ゾーンとオフサイドトラップを使った戦術をやっていた。つまり、ミランにとっては全く未知の戦法ではなかったのだが、サッキはより組織化させた。

基本となるフォーメーションは4－4－2で、中盤の4人は横並びのフラット型。ディフェンスラインと中盤に、2本のフラットラインを敷くイメージである。これはサッキも言っていたリバプールと同じ並べ方で、イングランドのクラブチームはほぼこの形だった。そして、現在でもリバプール、マンチェスター・ユナイテッド、チェルシー、アーセナルをはじめ、多くのチームがこの手法を踏襲している。

ゾーンディフェンスについて簡単に説明すると、ポイントになるのは〝面前でのみプレーさせる〟ことだ。局面を大きく分ければ、サイドにボールがある場合と、中央寄りにある場合に分けられる。1本のラインを形成する4人は、ボールサイドに寄りながらピッチの横幅の4分の1ずつを受け持つ。ボールの逆サイドは担当ゾーンが広くなるので、正確には4分の1ずつではないが、対面の相手が動いても自分のゾーンを出てしまえば、マークを受け渡して自分のゾーンを空けることはない。これがマンマークとの大きな違いである。

サイドにボールがある場合は、サイドの選手がボールホルダーに対してプレッシャーをかける。そのとき、隣の（インサイドの）選手は、ボールホルダーに対して守備をしているサイドプレーヤーの斜め後ろにポジションをとる。さらに、もう1人のセンタープレーヤーもボールサイドの選手の斜め後ろをカバーし、逆のサイドプレーヤーも同様に中央へ絞り込んでいく。このダイアゴナル（斜め）にカバーリングポジションをとっていくポジショニングがゾーンの基本である。実際には、完全な斜線ではなく、L字（または逆L字）に似たライン形成となる（図2）。

中央寄りのボールに対しては、センタープレーヤーの近いほうがプレッシャーをかけ、両隣の選手はやはり斜め後ろに絞ってカバーリングポジションをとる。ボールから最も遠いサイドプレーヤーも同様に内側へ絞る。この場合のライン形成は∧のようになる（図3）。

ボールへプレッシャーをかけにいった味方が抜かれれば、ただちにカバーリングポジションに

図2・3　ゾーンディフェンスのポジショニング

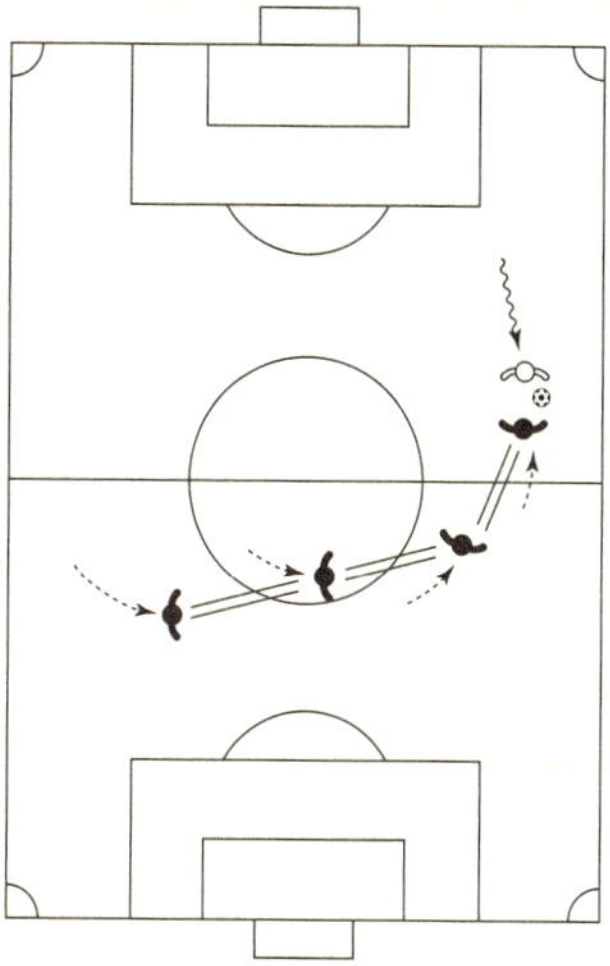

ポジショニング①（図2）

ボールがサイドにある場合のポジショニング。1人がボールホルダーにプレッシャーをかけ、他の選手は隣の味方をカバーするポジションをとる

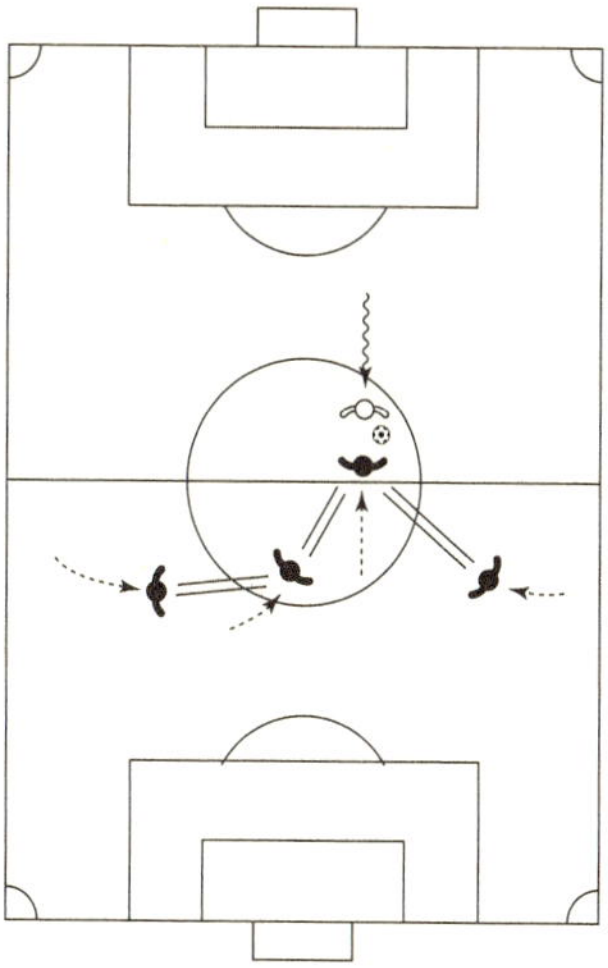

ポジショニング②（図3）

ボールが中央にある場合は、ボールホルダーに近い選手がプレッシャーをかけ、他の選手は中央寄りに絞りながらカバーリングポジションをとる

いる選手がボール へ向かい、抜かれた選手はカバーに向かう選手と入れ替わりにカバーリングポジションをとる。間に合わない場合は、中央から順送りに隣のゾーンへ移動して防御する。

以上、ゾーンのポジショニングについて説明したが、現代のプレーヤーやファンにとっては基本的な事柄だろう。当時でもマンマークに慣れていたイタリア人やドイツ人はともかく、ゾーン主体だったイングランド、ブラジル等の選手たちにとっては、古くから親しんできた守り方である。

さて、すでに記したように、この守り方の眼目は〝面前でプレーさせる〟、つまり敵に裏をとらせないことにある。常に敵を目の前に置き、そこへボールが入ったら素早く詰めていく。味方は次の展開に備えてボール へ向かう味方よりも後方へポジションを移動する。ボールへのアプローチの仕方が、常に前向きになるのが特徴だ。これによって、相手を押さえつけるような守備をする。マンマークの場合は、味方ゴールへ走る相手を追走することになるので、どうしても追いかけて守るケースが増える。ゾーンの場合は、中盤ならある程度追走しても、後方のＤＦのゾーンに入った時点でマークを受け渡してしまう。ＤＦの場合は相手をマークしなければならないが、それもパスが出てこないと判断すれば追走をやめて、敵をオフサイドポジションに置くことになる。

マンマークに比べると、ゾーンはよりシステマティックな守り方だ。動く範囲も動き方も決まっている。マンマークの利点は、マークを外さないかぎり、いつでもどこでも即座に相手へプレッシャーをかけられるところだ。ゾーンの場合は、味方をカバーするポジションからボールホルダーへのプレッシャーをかけにいくので、徹底したマンマークに比べればプレッシャーをかけにいくタイミングは遅れる。また、マンマークの場合は相手の特徴に合わせてマーク役を決められるが、ゾーンでは入ってきた相手に対して守るしかない。それぞれ一長一短ある。

では、どうしてサッキはゾーンを選択したのか。

マンマークでは、プレッシングができないからだ。理論的には1人ずつマークを付けていれば、いつでもどこでもプレッシングができるはずである。しかし、それではカバーリングが希薄になってしまう。1人外されたが最後、順番にマークがずれる。狭いエリアに相手を追い込んでいれば話は別だが、完全マンマークでは守備エリアがピッチ全域に拡散してしまうため、初動のプレッシャーは有効でも、その後が続かない。

例えば、マンマーク主体だった70年代の西ドイツでも、中盤はゾーンで守ることがあった。相手のFWと強力なプレーメーカーには専用のマークを付けるが、他の選手はまずボールより自陣サイドへ戻り、そこでゾーンの網を張って相手の攻撃方向を限定していく守り方である。中盤の広い地域はゾーンで守って相手の攻撃スピードを遅らせ、自陣ゴール前へ近づくに従ってマンマークに移行する。敵のアタッカーには予め専用のマークが付いているので、ゴール前に関しては即座にプレッシャーをかけられる状態だ。もし外されても、背後はリベロがカバーする。ただし、これでは中盤でプレッシングを行うことはできない。MFが3対3として、1人が専用マークに付くなら、残りの2人でピッチの横幅を半分ずつ受け持たなければならず、これでは間合いをとって相手の前面に立ちふさがるぐらいしかできない。

ゾーンディフェンスとは、その名のとおり地域を守ることだ。人に対して守るマンマークは地域を抑えるのに向いていない。74年のオランダは、ゾーンとマンマークの境界が曖昧だった。言い方を変えると、プレッシング（ボール狩り）を仕掛ける地域が確定していなかった。時と場所を間違えると、大きなリスクを冒すことになる。サッキはゾーンディフェンスを徹底することで、プレッシングを行う場所を確定させた。同時に、選手の受け持ちゾーンを確定し、選手間の位置関係も確定させた。これによってプレッシングの無駄やムラをなくしたのである。

MFの守備ラインは、基本的にハーフラインに設定している。それより敵陣側はFWに任せ、FWが上手くパスコースを限定できた場合には、MFもハーフラインより敵陣側でプレッシングを行う。また、攻撃して押し込んでいる場合には、相手ボールに徹底してプレッシャーをかけていく。

74年のオランダは、中盤にいる1人の相手に3、4人もの選手が奪いに行く場面すらあったが、ミランにおいてそれはほとんどない。バランスよく、穴が空かないようにポジショニングを組織化している。オランダの集団守備は迫力があり、当時は相手をパニックに陥らせる効果もあったが、1人に対して4人が囲い込みにいくのは明らかにリスクが大きすぎる。ある意味、バランスよりも勢いを重視していたようなものだ。ミランにそのようなケースは少なく、逆にいえば4人もいかなくてもボールを奪える態勢が整っていたともいえる。

オランダが単発的に仕掛けていたプレッシングが、ミランではほぼ90分間絶え間なく行われている。それは4人で横幅を守るゾーンのライン形成によって、無駄のない守備組織を作ったからだ。また、プレッシングを行う場所を限定したことで、タイミングもポジショニングもミスがなくなった。プレッシングを継続的に、かつ自動的に行ううえで、ゾーンディフェンスの導入は不可欠だった。

バレージとオフサイドトラップ

プレッシングとオフサイドトラップはセットになっている。津波のようにボールホルダーに押し寄せ、同時に凄まじい勢いでディフェンスラインを押し上げていたオランダには、相手をオフサイドにする意図が色濃かった。ミランの場合は、オランダに比べるとオフサイドをとることよりも、ディフェンスラインの押し上げによって相手FWの動きを規制する意味合いが強い。押し上げる距離、スピードもオランダほどではなく、そのかわりにもっと緻密に絶え間なくラインコントロールを行っていた。

もちろん、それはディフェンスラインより前方のプレッシングが計画的かつ継続的に行われていたからだ。ピッチの横幅をカバーするゾーンディフェンスの導入によって、ムラなくプレッシングが行われたことで、ディフェンスラインの上下動も継続的なものになったわけだ。オランダが「ボール狩り」の瞬間だけ、劇的にピッチ上の10人が縮小していったのに対して、ミランは陣形の極端な圧縮はせず、そのかわりに常に10人がコンパクトな状態に保たれている。このコンパクトネスが維持されているかぎり、たとえ狙った瞬間にボール奪取ができなくても、プレッシングは継続可能であり、プレッシングが続くかぎりはコンパクトネスも持続可能であった。

ラインコントロールの原則はオランダと同じである。ボールにプレッシャーがかかっている「オン」の状況ならばラインを押し上げ、「オフ」ならば押し上げない。ただし、オランダの場合は、いったんボール狩りが発動したら最後、ボールを奪い取るまで何人でもボールホルダーへ向かっていき、したがってディフェンスラインも押し上げの一手だった。ミランの場合は、プレッシングでボールを奪いにいっても、奪えなければ無理に深追いはせず、相手ボールへのプレッシャーが「オフ」になった瞬間には、ディフェンスラインの押し上げを停止して、裏をつかれないようにラインを自陣方向へ引く。上がったり下がったり、細かい調整をボールが動く度に行っていた。

ミランの4バックは右からマウロ・タソッティ、ビリー・コスタクルタ、フランコ・バレージ、パオロ・マルディニがレギュラーで、ほぼ不動の4人だった。この中で司令塔の役割を果たしたのはバレージだが、サッキが「当初、私の戦術の劣等生だった」と語っているのが興味深い。サッキの監督就任と時を同じくして加入したオランダトリオについても、「トータルフットボールの国から来たとは思えないほど、飲み込みが悪かった」と言っている。

最終的にこのチームが成功したのはフリット、ファンバステン、ライカールト、そしてバレージの功績が大きかったことはサッキも認めている。ただ、当初は戦術との相性が悪かったようだ。「相手選手をマークするのではなく、ボールに対してポジショニングを決める」というサッキの「相手を見るな、ボールを見ろ」という指導に対して、当時は20歳そこそこだったコスタクルタやマルディーニはすぐに適応したという。逆に、バレージのような経験のあるDFにとっては、すでに自分の感覚やポジショニングがあるぶん、すんなりとサッキ流を飲み込めなかったことは容易に想像できる。

バレージは独特の危機察知能力を持っていた。相手ゴール前で〝ゴールの臭いをかぎつける〟ストライカーは「嗅覚が鋭い」と呼ばれるが、バレージも鋭い嗅覚を備えていた。ただ、彼はFWではなくDFなので相手のチャンスを潰す側だ。通常、センターの左側のゾーンがバレージの受け持ちエリアだった。右のセンターバックと左のサイドバックをカバーするのがカバーリングの範囲である。ところが、バレージは右サイドバックのカバーに回ることも少なくなかった。ゾーンの4バックのセオリーではないのだが、そこが危険だと察知したときには右のセンターバックよりも早く現場に急行してしまうのだ。

おそらく、こうしたゾーンディフェンスのセオリーを逸脱した動きが、サッキには「劣等生」と見えたのではないか。一直線になっているはずのラインで、なぜかバレージだけが3メートルも後方に残っていたり、逆に前に出すぎているという場面もあった。だが、ミランはもちろん、のちにイタリア代表の監督になったときも、サッキはバレージ独特の守備能力にずいぶん助けられている。機械的な動きを覚えるときには余分だった〝天才〟が、セオリーでカバーできない局面を救うことになったわけだ。

ところでサッキ監督は、プレッシングが全く効かない状況も想定していた。

中盤の守備組織が完全に崩れていて、相手がフリーでドリブルしてくるケースである。対処法はラインを揃えたままの後退だ（図4）。ドリブラーから3メートル以上の距離を維持しながら、フラットラインのまま後退する。これによって、前方のFWへのパスを牽制するのだ。ディフェンスラインが揃っているので、FWは不用意に飛び出すとオフサイドになってしまう。次に、ボールホルダーがシュートレンジへ入ってきた時点でラインの後退を止め、同時にボールホルダーをいっせいに取り囲む。一瞬にして前方へのパスコースはなくなり、複数で囲まれるのでドリブルもできなくなる。

この一連の守備では、タイミングが非常に重要だ。いっせいに取り囲むと書いたが、実際には誰か1人がまず、ボールホルダーへ立ち向かっていくことになる。それに呼応して、他のDFも素早く後退を止めて囲い込みに移行するという手順だ。その最初の誰かは、ほとんどの場合でバレージだった。ゴールから25〜35メートルほどで、ラインの後退を止めるのだが、予め決められるのはここまでだ。あとは、実際に対峙した者の感覚でタイミングを計るしかない。いつ、どこ

図4　プレッシャーがかからないときの守備

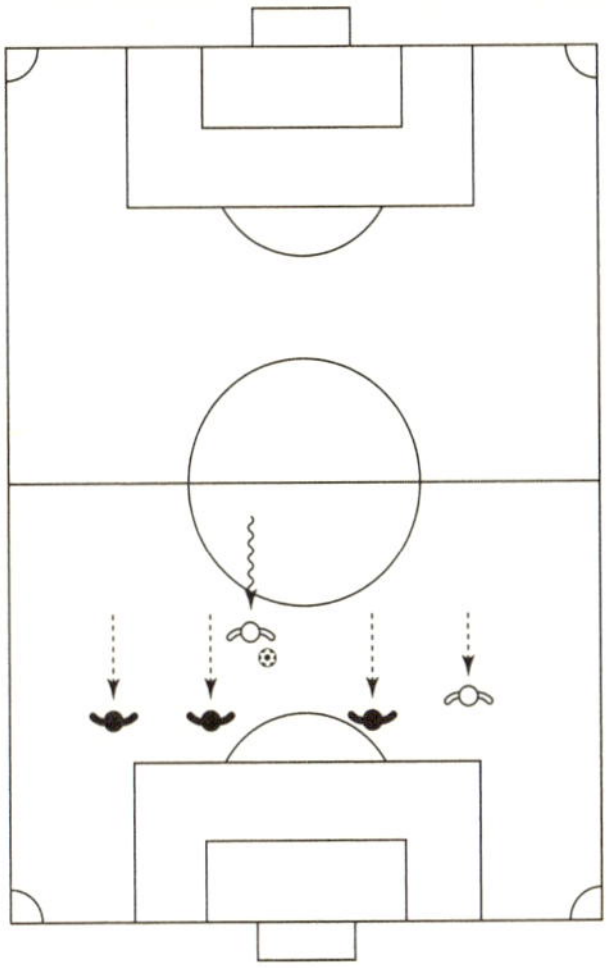

DFはラインを揃え、ボールホルダーと3メートル程度の距離を保ちながら後退する。これぐらいの距離ならば1対1で抜かれる心配はなく、前方へのパスも通しにくい

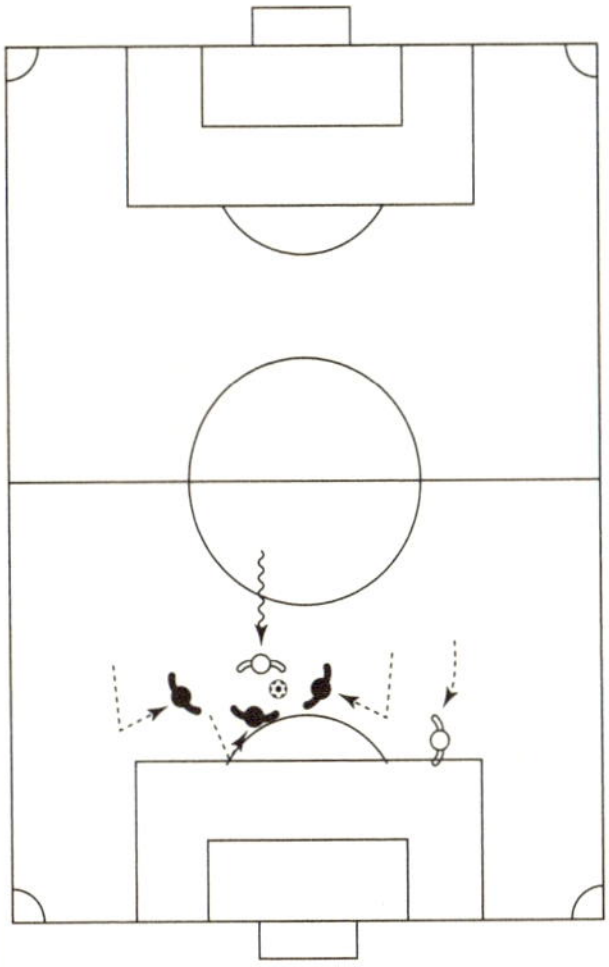

味方の帰陣が間に合わない場合は、シュートレンジに入ったところでラインを止めてボールホルダーへプレッシャーをかけ、前方の攻撃選手はオフサイドの位置に置く

で。その点でも、バレージは天才的であった。

もちろん、何度か失敗もしている。筆者の記憶にあるのは2度、最初はチャンピオンズカップのレッドスター戦で、相手はドラガン・ストイコビッチだった。〝ピクシー〟は飛び込んできたバレージをかわし、さらにミランのDFが囲い込むよりも早くラインを突破していった。もう1回はラツィオでプレーしていたポール・ガスコインで、彼はまだバレージが後退しているうちに、いきなりシュートを放ってゴールしてしまった。このように守備の天才が攻撃の天才に破られた例もあったが、全体としてはサッキのシステムとバレージの嗅覚は非常に有効であった。

休息としてのローテーション

「ポジショニングの基本はショート&ワイドだ。縦方向にはコンパクト、横はサイドプレーヤーがタッチラインを踏むぐらいに」

サッキはショート&ワイドという、わかりやすいキーワードでポジショニングを説き、配置図と担当ゾーンを図解している（図5）。筆者はサッカー誌「ストライカー」の編集者だったころ、イタリアのガゼッタ・デロ・スポルト紙の記者を通じてサッキの戦術を解説する企画を担当していた。すでにガゼッタ紙で掲載された内容だと思うが、監督本人がミランの戦術を解説してくれたことで、霧が晴れるように理解が進んだのを覚えている。

図5　ACミランのシステム"ショート&ワイド"

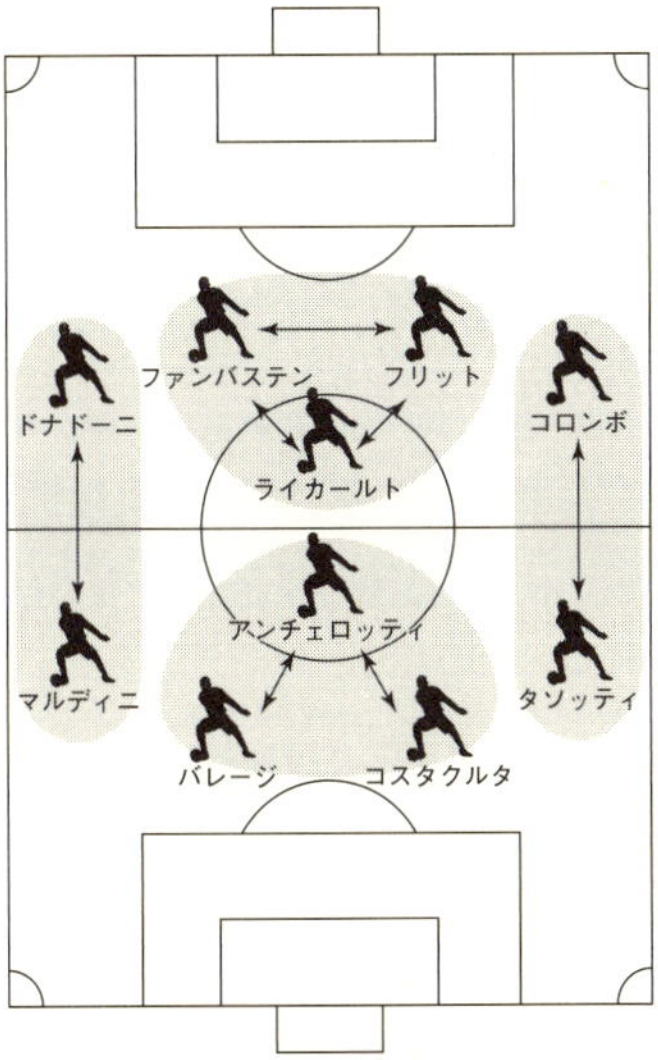

縦は短く、横は広く。両サイドのペアと中央の2つのトリオは互いに状況に応じてポジションを入れ替える。流動的に攻撃しながら、全体のポジショニングは崩さない

91年当時、すでにサッキのミランは世界中から高い評価を得ていた。日本でも横浜フリューゲルスの加茂周監督が「ゾーンプレス」という造語で、この最先端の戦術を導入しようとしていたが、大半のファンにとってミランの戦術が凄そうなのはわかっていたものの、その中身についてはよくわかっていなかった。いや、監督やコーチですら大半は理解していなかったと思う。

ラインコントロールはどうやって行うのか、ポジショニングはどうなっているのか、どんなトレーニングが必要なのか…。実は、ヨーロッパの指導者も日本と大差はなく、80年代末から90年代初頭にかけて各国コーチの〝ミラン詣で〟が行われている。それほど大きな影響を与えたチームだった。

ミランが専門家たちをも驚かせたのは、そのプレーの〝強度〟だったと思う。90分間を通じて、攻守両面でアグレッシブにプレーし続ける。そのハイテンポのリズムが大きな特徴だった。

74年のオランダが〝時計じかけのオレンジ〟と呼ばれたのと似ていて、ミランもメカニカルな印象の強いチームである。従来のサッカーでは、ポジションは選手の個性と結びついていた。例えば、攻撃的MF、守備的MF、その中間的なMFというように、フィールド上の場所よりも、選手の特徴や個性によってポジションが分類されていたものだ。ストライカー、ボランチといった現在でもよく使われている用語も、場所ではなくてプレーヤーとしての特徴を言い表したものだ。その選手がどの場所にいるかよりも、何をするかを表している。

プレーメーカーにボールを集め、そこから展開し、ウイングがクロスを入れ、ストライカーがフィニッシュするというような、役割のリレーによってゲームの組み立てをイメージしていた。ところが、ミランではそうした通念がほぼ排除されている。

サッキの図解が表しているのは、完全に場所としてのポジションにすぎない。ＭＦに右か左かのポジションはあっても、プレーメーカーというポジションは存在しない。サッキの示した図では、ＭＦはいわゆるダイヤモンド型になっているが、むしろ横並びのフラット型に並べるほうが多かったと思う。また、選手名と場所もよく代わっていた。例えば中盤の底に名前のあるカルロ・アンチェロッティは左サイドでも起用されているし、ロベルト・ドナドーニはセンターでもプレーした。フリットはファンバステンと並ぶ２人のストライカーのときもあれば、右サイドに張り付いてウイングプレーヤーとして機能することもあった。戦術マニアのサッキは、さまざまなフォーメーションを試行錯誤しているが、共通しているのは常に場所としてのポジションだったということだ。

もちろん、どの選手をどの場所に配置するかは、その選手の個性と無関係ではない。ただ、ミランのポジションは機械的に割り振られていて、プレーメーカーもいなければボランチも存在しない。割り振られた場所で攻守にわたってプレーすることが要求されているだけなのだ。どこからでも攻め、どこでも守る。人の個性ではなく、チームとしての組織を前面に押し出したスタイルであり、ある意味で選手個々の「顔」が見えにくい。その代わり、誰かにボールが渡らなければ攻撃がスムーズに作動しないといったギクシャクした感じは皆無で、すべてがオートマティックに動く。ミランに、従来とは違った機械的な印象があるのも当然だった。

ミランの強度のリズムを可能にしたのは、無駄を省いた合理的なゾーンシステムとコンパクトネスだが、付け加えればポジションのローテーションも関係している。

コンパクトな陣形の中で、常に〝前向き〟に守備をしていく。そこでボールを奪い取れば、その前方への動きのままにオーバーラップやインナーラップによってポジションを入れ替え、後方の選手が前線へ出て行く。この流れは、かつてのオランダと同じである。誰もが、その状況で有利な者が攻撃する。こうした位置関係の入れ替わりが生じた後も、チームとしてのポジショニングは維持されなければならない。そこで、サッキは近いポジション同士の位置関係の入れ替えをシステムとして組み込んでいた。図の中にある矢印がそれだ。

「ポジションを入れ替えることで、特定の選手が疲労してしまうリスクを避ける」

マルディーニがドナドーニを追い越して攻撃した後は、ドナドーニが一時的に左サイドバックとなり、マルディーニは左MFになるという具合だ。これは74年のオランダも実行していた。人は変わっても、チームとしてのポジショニングは維持する。例えば、クライフが中盤に引き、ニースケンスが前線に飛び出した後は、ニースケンスが回復するまでクライフがMFとしてニースケンスの代わりに守備のポジションについた。ただ、オランダとミランには決定的な差がある。選手の回復に要する時間が違うのだ。

オランダの選手は、ミランに比べると回復に時間がかかっている。長距離を走って前線に出た選手は息が上がってしまい、元のポジションに帰るまでに長いときは5分もかかっていた。当時の映像を見ると、クライフがニースケンスに対して「もう戻れるか？　元に戻すか？」といったしぐさをしている。センターフォワードのクライフが、左サイドバックのクロルの位置でしばらくプレーするなど、ポジションを入れ替えたままの時間帯が比較的長かった。それが、かえって〝オールラウンダーによるサッカー〟、〝ポジションのないサッカー〟という印象を強めていたわけだ。

ミランの場合、サッキはローテーションを説いていたけれども、実際にはほぼオリジナルのポジションでプレーしている。選手の回復時間が短いので、2、3分も経たずに元のポジションに戻れたのだ。

サッキ監督はベルルスコーニ会長に依頼して、「鳥カゴ」と呼ばれるトレーニング施設を建設してもらっている。正規のグラウンドより小さめのクレーコートで、四方は煉瓦の壁で囲まれており、両ゴールは屋根で覆われている。そこで、ノンストップゲームを行った。

ゾーンとプレッシングを組み合わせた守備戦術は、相手チームから時間とスペースを奪うことに成功した。プレッシングはオフサイドトラップとセットになっているので、相手は前方のFWへのパスコースが限定されているか、場合によっては全くない。その手前もスペースが圧縮されている。自分には厳しいプレッシャーがかかり、対面する守備者の背後にはカバーリングもついている。この状況では視野は狭くなり、プレーは窮屈になっていく。さらに、ミランのMFはボール方向へスライドしてくる。必然的にボールサイドの狭い地域から出るのは難しい。遠くへ展開できないことで、味方も近くに寄らざるをえない。狭い場所は敵味方で混雑し、よりボールを失いやすい状況になった。

ただし、そこでミランがボールを奪ったとき、ミランも混雑した狭い地域にいることを余儀なくされる。これは、ある意味でプレッシングという戦術の盲点だった。プレッシングは敵味方を呼び込んでしまうので、ボールを奪いやすくなる反面、今度は自分たちも展開しにくい状況を作ってしまうのだ。

「鳥カゴ」を作ったのは、その状況に慣れておくためだった。ミランの戦術がまだ目新しく、他チームが面食らっていた時期に、サッキは次への布石を打っていたのだ。74年ワールドカップの決勝で、オランダにマンマークで挑んだ西ドイツは、オランダにリードされたことで攻撃に転じ、結果的にオランダのトータルフットボールを裏返しにした。同じように、ミランのプレッシングも逆用されてしまうかもしれない。サッキが74年のファイナルをどう見ていたかは知らないが、ミランにおいても起こりうることだった。

フィジカルトレーニングの要素も見逃せない。壁を利用して、アウトオブプレーを廃したゲームを続けることで、ハイテンポのプレーを続けなければならない。実際のピッチより狭いので、ボールへのプレッシャーも実戦以上になる。自らのサッカーを高密度化した状況に慣れておくことで、スタミナやタフネス、密集地域でのパスやタックルの技術を磨いたのだ。ローテーションを必要としないほど選手の回復が早かったのも道理である。

ミランには、オランダの「混沌と秩序」の混沌のほうは最小化されている。それは狭い地域での攻防という意図された混沌であって、ミランにとっては秩序の中で起こる混沌にすぎなかった。トータルフットボールを継承しながら、ミランは選手のオールラウンド化よりも分業化を進めている。誰もがどのポジション、役割をもこなすのは、トータルフットボールの理想である。ただ、現実にはクライフをいつまでも左サイドバックの位置に置いておくよりも、アタッカーとして前線に出てもらったほうがチームにとって有益なのは自明なのだ。

ミランは選手の役割よりも地域分担によって、その地域で攻守に働くことを選手に要求している。その点では、オールラウンド化を加速しているが、一方でＤＦはＤＦとしての攻撃能力があればよく、ＦＷはＦＷなりの守備力があればよい。各ポジション、各受け持ち場所でのオールラウンド化は進めたが、ＦＷが最後尾まで下がらなくてはならないような状況は回避している。攻撃だけ、守備だけ、ボールを捌くだけ、シュートするだけ、といったスペシャリストは否定したが、すべてにおいてオールラウンドである必要はなく、各ポジションでの攻守をこなせる、その場所でのスペシャリストであればよかった。オールラウンドは理想だが、現実にはなかなかそうはならない以上、各選手の長所を生かした分業が有利なのだ。その意味でも、ミランはオランダの無駄な部分をきれいに整理していた。

敵陣でのカテナチオ

サッカー誌でサッキの戦術解説企画を担当していたことは前記したとおりだが、そのときに筆者はサッキに対して（ガゼッタの担当記者を通して）、いくつかの質問や疑問点を聞いた。プレッシング、オフサイドトラップ、ローテーションといった彼の戦術の骨格部分や、「スターは不要」といったサッカー哲学についてはよくわかったのだが、攻撃面での具体的な言及が少なかった。そこで、攻撃はどうするのかという質問をしてみたのだ。

いくつかの質問に対して回答があった。正直にいうと、軽い失望を感じたのを覚えている。例えば、最も有効なフィニッシュへのアプローチについて、

「サイドからのクロス、それも斜めから放り込むハイクロスではなく、横からのクロスが有効だ。最もよいのは、ゴールライン際からペナルティースポット付近へのクロスである」

この回答は正しい。しかし、非常にオーソドックスな答えだ。サッキでなくても、そう答えるだろう。ほかの回答も似たり寄ったりで、プレッシングについて語るときのような斬新さや面白味がまるで感じられなかった。

「私が目指し、ミランが実現したのはスペクタクルなフットボールだ」

確かにそのとおりであった。ただ、サッキ監督が革新したのは守備であって、その強力な守備

力が攻撃につながっているにすぎないのではないか。つまり、本当にスペクタクルな部分については、サッキよりも選手に負う部分が大きいのではないか、そうした疑念が沸いてきたのである。

「私のチームにスターは不要だ。マラドーナならばともかく、そうでないならばチームのためにプレーしなければならない。スターはチームなのだ」

当時は、そのように豪語していたものだ。だが、ミランの監督を退き、イタリア代表監督を経て、再びミラン、アトレチコ・マドリードの監督を歴任したが、サッキは大きな成果を挙げられないまま徐々に第一線から退いていった。そのころには、かつてのミランを述懐するトーンも変化してきている。

「栄光を築いたのは、オランダトリオなど選手たちの力が大きかった」

「あのミランが行ったのは、いわば敵陣でのカテナチオだった」

日の出の勢いだった監督時代よりも、後年のこのコメントが真実に近いのだと思う。

強烈な印象を残したサッキ監督のミラン、なかでも89年チャンピオンズカップ決勝でステアウア・ブカレストを4－0で下した決勝は衝撃的だった。プレッシングをかけ続け、ルーマニアの雄をほとんどハーフラインの向こう側に押し込んだままプレーした。ステアウアが、まるで時代遅れのチームのようにさえ見えたものだ。このゲームでのプレーの強度、ハイテンポのリズムは、現代に現れても何の違和感もないチームであった。

ただ、注意深くみれば、ミランに人々を驚かせるような攻撃のアイデアはない。フィニッシュへのアプローチはシンプルで、ほとんどは左右からのハイクロスか、フリット&ファンバステンによる個人技によるものだ。何しろ2トップが強力なので、この2人の足下へボールをつけてやるか、2人がボックスに入ったときにクロスを上げてやれば、それだけでチャンスになっていた。

ルート・フリットは、現在のプレーヤーを引き合いに出せば、ディディエ・ドログバのような存在だった。オールラウンドなところは違うけれども、ストライカーとしてみた場合、フリットの威力はその身体能力なのだ。ファンバステンは、ルート・ファンニステルローイを柔らかくして、スピードとテクニックを加えた感じである。現在のFWではズラタン・イブラヒモビッチに似ているが、ずっとフィニッシュは正確だった。

この試合では、ライカールトとセンターを担当したドナドーニも素晴らしいプレーぶりだった。イタリア代表としては、82年ワールドカップ優勝の原動力だったブルーノ・コンティの系譜を継ぐ選手で、非常に活動範囲の広いウイングプレーヤーといったタイプである。ステアウア戦でも中央からサイドへと、幅広く動いて攻撃をリードしている。右サイドのアンジェロ・コロンボはウイングタイプ、左のカルロ・アンチェロッティは派手さよりも渋さのMFで、今日なら朴智星のような役回りだろうか。運動量が豊富で、攻守に働き、とくに守備面でポジションに穴を開けない。

フランク・ライカールトは圧巻だ。フリットほどダイナミックではないが、こちらも身体能力は抜群だった。コンタクトプレーでことごとく勝利し、技術も高く、密集で彼に太刀打ちできる選手はステアウアには見あたらなかった。この試合ではドナドーニとMFのセンターを組んでいるが、守備でも攻撃でもスーパーだ。

興味深いのは、このMFとFWの6人のうち5人が監督になっていることだ。ファンバステンはオランダ代表監督、ドナドーニはイタリア代表監督になった。アンチェロッティはミランで成功を収め、ライカールトもバルセロナで大きな仕事をした。チェルシーで選手兼監督となったフリットは、FAカップをとった最初の外国人監督となっている。選手として才能に恵まれていただけでなく、監督としても開花したのは、このときのチームで現代に通じる戦術を叩き込まれていたことも無関係ではあるまい。

さて、世界にショックを与えるほどのプレーをみせたミランだが、一方で過去のスーパーチームが持っていた芸術的な印象はほとんどない。高性能だが、非情な機械のようだった。〝時計じかけ〟のオランダも、クライフやファンハネヘムやレンセンブリンクのプレーぶりには優雅さが漂っていたものだが、ミランはひたすら正確でスピーディーで強力ではあるが、華麗さはなかった。その点でも革新的だったかもしれないが、それはむしろサッキが語ったように「敵陣でのカテナチオ」と呼ぶにふさわしい。

彼が後年言ったように、あのチームにフリットとファンバステンがいなければ、あそこまで簡単に点をとることはできなかっただろう。おそらく、チームの印象もかなり違ったものになっていたはずだ。高くて、速くて、強くて、上手い。何でもありの2トップがいてこその攻撃力だった。攻撃の構成力という面では、今日のアーセナルやバルセロナのほうが格段に優れているし、74年のオランダのほうが変化に富んでいた。

サッキはトータルフットボールの系譜を継ぎ、現代に通じる合理化に成功した。それはトータルフットボールのルネッサンスで、戦術史を語るうえで不可欠な功績である。ただし、攻撃面で目覚ましいアイデアを示したわけではなく、その点ではむしろ平凡な監督だったかもしれない。サッキが導入したプレッシングは多大な影響を与え、それゆえにあっという間に模倣された。また、対戦相手に初期の驚きが薄れるにつれて、サッキのチームは他チームとの絶対差を失っていく。プレッシング戦法が当たり前の戦術になっていくにつれ、サッキも活躍の場を狭めていくことになった。

Chapter 3

バグンサ・オルガニザータ

bagunça organizada

最強ブラジルの4－2－4

1930年代のオーストリア（ヴンダーチーム）、50年代のハンガリー（マジック・マジャール）は、トータルフットボールという言葉ができる以前にトータルフットボールをプレーしたチームだった。この流れを汲むのが70年代のオランダで、こちらはまさにトータルフットボールの代名詞である。さらに、ACミランの活躍が80年代末から90年代初めだから、およそ20年周期で画期的な戦術を持つチームが現れていたことになる。もし、20年周期なら、そろそろ新たなチームが台頭するころだ。

ただ、20年周期はヨーロッパの話。もう一方の雄である南米大陸からは、その間にも偉大なチームが生まれている。

ワールドカップ史上最強のチームはどこか。54年のハンガリーは衝撃的ではあったが、優勝していないのだから最強とは言い難い。その点は74年のオランダも同じである。意見が分かれるのは58年か70年か、いずれも優勝はブラジルだ。

58年ワールドカップ・スウェーデン大会で優勝したブラジルは、ヨーロッパ開催でヨーロッパ以外の国が優勝した最初で、今のところ最後のケースとなっている。南米（および中米）開催はすべて南米が優勝しており、ヨーロッパでも南米でもない94年（米国）、02年（日本&韓国）の

2大会はブラジルが優勝している。

革新的だったのは58年のブラジルだろう。当時、支配的だったWMシステムではなく4−2−4システムを使った点で新しかった。この4−2−4から、フォーメーションを表すのに数字を使うようになっている。ただ、ブラジルの4−2−4はWMの変形で、そのモデルは50年代のハンガリーにみることができる。54年スイス大会の準々決勝では、そのハンガリーと直接対決しているわけだが（ハンガリーの勝利）、その後にハンガリーの指導陣だったジュラ・マンディとベラ・グットマンはブラジルへ渡ってクラブチームの監督となり、ハンガリー方式のシステムを教えたという。

オーストリア、ハンガリーと継承されたスタイルは、海を越えてブラジルへ移植されたことになる。マンディやグットマンの選手時代に、彼らを指導したのがオーストリアの〝ヴンダーチーム〟の生みの親だったジミー・ホーガンというコーチで、オーストリアとハンガリーは同じコンセプトを持ったチームだった。オーストリア、ハンガリーは戦争と政変という国情によりそれぞれ偉大なチームが消滅してしまったのだが、その遺伝子は辛うじてブラジルへもたらされていたわけだ。

もっとも、ブラジルにはすでにブラジルのスタイルがあった。

ベラ・グットマンが4−2−4を導入する以前から、ヨーロッパの潮流とは関係なくブラジルで4−2−4を発案した監督として、フラビオ・コスタの名が挙げられている。フラビオ・コスタは50年ワールドカップ・ブラジル大会の代表監督だった。また、同時にヴァスコ・ダ・ガマの監督でもあり、このときのセレソンはヴァスコの選手を中心に編成されていた。彼は、〝ダイアゴナル・システム〟という名称で、4－2－4のフォーメーションを考案したといわれている。

ただ、この新システムを世界的に有名にしたのは58年のブラジルだ。

このブラジル代表は、システム以外でも画期的なチームだった。後にFIFA会長となるジョアン・アベランジェが当時のブラジル協会会長である。アベランジェは、メディア界の大物パウロ・マシャドを団長に任命し、ワールドカップ制覇のためのプロジェクトチームを編成している。大会の1年前からヨーロッパにスタッフを送り込んで情報収集を行ったほか、心理学者、栄養士、歯科医をスタッフに加え、本大会にも帯同させた。心理学者と栄養士はともかく歯医者は少々奇妙だが、当時は多くの選手が虫歯を患っていたからだ。そのため、大会の3カ月前から歯の治療を行っていた。

ラジオとテレビ局のオーナーで、後にサンパウロのパカエンブースタジアムにその名が付けられることになるマシャドは、監督人事も握っていて、ゼゼ・モレイラ監督の後任にオズワルド・ブランダンを指名する。だが、コパ・アメリカでアルゼンチンに敗れて2位になると、パラグアイ人のフェイタス・ソリチ監督を据えようとした。フラメンゴで成功していたソリチが代表監督になっていれば、ブラジル史上唯一の外国人代表監督が誕生していたところだが、さすがにアベランジェ会長がゴーサインを出さず、結局本大会の数カ月前にビセンテ・フェオラが指名された。

フェオラにはフラビオ・コスタのようなカリスマ性や名声がなく、マシャドやスタッフの意見を採り入れながらの舵取りとなった。

さて、開幕の数週間前にヨーロッパへ入ったブラジルは、イタリアでフィオレンティーナと対戦したのだが、そこである出来事が起こり、それがきっかけでガリンシャがスタメン落ちしている。ガリンシャは得意のドリブルでDFとGKを抜き去り、あとは空のゴールへシュートするだけだった。ところが、わざわざDFが戻るのを待ってから、もう一度抜いてゴールした。これを見た心理学者が「ワールドカップを戦うのにふさわしくない」とフェオラ監督に進言、それが受け入れられたのだ。また、この心理学者は事前の面接でガリンシャに絵を描かせたのだが、「あまりにも単純な線で構成されている。サッカー選手よりバスの運転手にふさわしい」と分析したという。

緒戦でオーストリアと対戦したブラジルはガリンシャ、ペレをベンチに置いていたが、アルタフィーニの2点とニウトン・サントスのゴールで3－0と快勝。しかし、次のイングランド戦は0－0の引き分けに終わり、グループリーグ突破をかけた第3戦の相手はワールドカップ初参戦のソ連だった。ワールドカップでの実績はないが、ソ連は大会の優勝候補と目されていた強豪である。〝鉄のカーテン〟のヴェールに包まれた〝科学的なフットボールの国〟、それが当時のソ連へのイメージで、ブラジルはある意味でソ連を過剰に恐れていた。

ソ連戦を前に、3人の主力選手が立ち上がった。ジジとニウトン・サントスが、キャプテンのベリーニを伴ってマシャドとフェオラに直談判し、メンバーの変更を訴えたのだ。

4－2－4の「2」を担当し、このチームの頭脳だったジジは、パートナーをジノ・サニからジトに変えるように迫った。ジノ・サニはサンパウロの名ボランチだったが、ジジはこの相棒を「あまりにも古典的すぎる」と考えていた。サントスのキャプテンだったジトは、ジノ・サニに比べるとずっと地味な選手だったがハードワークと力強いプレーが売り物。また、若きスターのペレを怒鳴りつけて働かせることができる唯一の男でもあった。

ニウトン・サントスは、ジョエルの代わりにガリンシャの起用を要求した。〝百科事典〟と呼ばれるほど知識が豊富で、のちにFIFAが選出する史上最高イレブンにも名を連ねるニウトン・サントスは、「もっと相手を驚かせるアタッカーが必要だ」と主張した。データ主義のソ連を混乱させるには、確かにガリンシャはうってつけの男であった。彼のプレーは、いわば本人にもわからない。本人にわからないのだから、相手にわかるはずがないのだ。

医者も見放すほどの小児麻痺を患ったガリンシャは、左右の足の長さが違っていた。しかも片方がO脚で、もう片方がX脚。貧民街から身を起こし、複数の女性との間に何十人もの子供を作り、世界サッカー史上でペレと並ぶ天才でありながらアルコール中毒の浮浪者として世を去っている。心理学者の分析も、あながち的はずれではなかったのだろう。だが、彼は天才中の天才だった。ボタフォゴにふらりとやって来たこの草サッカープレーヤーとの最初の1対1でブチ抜かれた記憶を、ニウトン・サントスは覚えていた。ガリンシャの起用をためらうフェオラ監督に対して、ニウトン・サントスは激怒したという。

「ガリンシャにはチームのためにプレーしてもらう。バスの運転をさせるために連れてきたんじゃないだろう！」

ジジ、ニウトン・サントス、ベリーニの3人が推薦したもう1人は、最年少のペレであった。レギュラーの〝10番〟はアルタフィーニだったが、彼は大会後にACミランへの移籍が決まっていた。一躍百万長者になると決まったことが、アルタフィーニのパフォーマンスに影響しているというのが3人の見立てであった。破格の潜在能力とプレーに飢えているペレを登用すべきだと主張した。

結局、マシャドとフェオラは進言を受け入れる。ジト、ガリンシャ、ペレがソ連戦のスタメンに並んだ。このとき、ブラジルの4－2－4は完成した。

開始1分、いきなりガリンシャがソ連のDF3人をごぼう抜きしてシュート、ポストを直撃。2分、ジジのパスを受けてババがゴール。後半にもババが加点して2－0でソ連を下した。ガリンシャのドリブルで幕を開けた鮮やかな立ち上がりは、「ブラジルサッカーの歴史が動いた、最も輝かしい3分間」といわれている。準々決勝のウェールズ戦は、ペレが唯一のゴールを挙げて1－0。準決勝の相手はフランスだった。

この大会のフランスは合計23ゴールを叩き込んだ破壊力抜群のチームで、ジュスト・フォンテーンは13得点を記録している。この13ゴールはワールドカップ史上最多、今後もまず破られることはないだろう。アルジェリア生まれのストライカーを操ったのは、レイモン・コパ。大会最優秀選手に選ばれ、この年のバロンドールも受賞している。ラーンスの精鋭を中心とし、監督もラーンスの名将アルブール・バトーだった。

ブラジルは開始2分でババが先制するが、9分にフォンテーンがすかさず同点とする。1―1の拮抗したゲームが動いたのは前半39分だった。フランスのロベール・ジョンケが負傷してピッチの外に出る。フランスが10人になった隙をつき、ジジが勝ち越しのゴールをゲット。ジョンケはピッチに戻ったが回復せず、フランスは実質的に10人になってしまった。選手交代が認められるのは70年大会からである。ブラジルは容赦なくフランスゴールに襲いかかり、ペレが立て続けに3ゴールを決める。終了7分前にフランスが1点を返したが、5―2で勝ったブラジルが決勝へ進んだ。

決勝の相手は開催国のスウェーデン。英国人ジョージ・レイナー監督が率いるチームには、3人のビッグスターがいた。グンナール・グレン、グンナー・ノルダール、ニルス・リードホルムの、〝グレ・ノ・リ〟と呼ばれるミランをリードしたアタッキング・トリオである。このうち、グレンとリードホルムが58年のスウェーデン代表に招集された。また、やはりイタリアでプレーしていたナツカ・スコグルント、クルト・ハムリンも招集された。

スウェーデンの躍進には、4人の〝イタリア組〟の貢献が大きかった。当時、スウェーデンではプロ選手を代表として招集しない慣例があったので、彼らの招集には反対の声もあったのだが、レイナー監督は協会と談判して押し切った。ちなみに、レイナー監督のスウェーデンは53年に全盛期のハンガリーと対戦して引き分けに持ち込んでいる。分析力に優れ、対策を立てるのが上手かったのだ。この引き分けの結果に、イングランドは「ハンガリー、恐るるに足らず」とタカを括ってしまい、それがウェンブレーでの完敗につながったといわれている。イングランドはハンガリーに3－6で敗れ、これは国内で大陸勢力に喫した初の黒星であった。ハンガリーサッカーの隆盛に一役買った名コーチ、ジミー・ホーガンもそうだが、やはり英国内では認められず、ヨーロッパ大陸で活躍したジョージ・レイナーも間接的に母国への〝復讐〟を果たしたということだろうか。

58年大会の決勝は雨だった。大会組織委員会がシートをかけて芝生を守ったそうだが、それでもピッチは雨でぬかるんでいた。立ち上がり、スウェーデンが意表をついた先制攻撃に出る。リードホルムが3分にゴールした。初めて先制されたブラジルが浮き足立てば、レイナーが望むとおりの展開であった。

その8年前の50年大会、開催国で大本命だったブラジルはウルグアイに逆転負けを喫して優勝を逃している。「ブラジルは精神的に弱い」が、それ以来の定説になっていた。素晴らしいテクニックを持ち、フィジカルも強い、戦術も申し分ない。ただ、メンタル面が不安定で勝負強さに欠ける、これが大会前のフランス・フットボール誌による分析だった。何より、ブラジル人自身が自分たちのセレソンに対して「軟弱だ」と厳しい見方をしていた。54年大会の準々決勝でハンガリーと乱闘を演じたのも、「タフであれ」という周囲の要求がある種のトラウマになっていた結果と考えられる。50年の〝マラカナの悲劇〟は、ブラジルサッカーにメンタル・タフネスを植え付けるきっかけとなった一方、敗北への往生際の悪さを残すことになる。

さて、レイナー監督の目論見どおり、スウェーデンは先制した。ところが、ブラジルは意外とあっさり立ち直ってしまう。ジジが全軍を鼓舞した。フランス戦でフォンテーンに同点とされたとき、ペレはボールを拾ってセンターサークルへ駆け戻り、「さあ、さっさと反撃しましょう」と味方に喝を入れたのだが、そのときの周囲の反応は実に冷たかったとペレは回想している。「若造が知ったふうなマネをするな」という雰囲気で、ペレは「出過ぎたマネをした」と反省したそうだ。スウェーデン戦では、ジジがボールをセットしてチームメートに喝を入れた。このときは中心選手のジジに呼応して、一気に士気が高まったという。9分にババ、32分にもババが加点して2－1と逆転。いずれもガリンシャのアシストだった。

右サイドはガリンシャの独壇場となった。史上最高のウイング、ガリンシャのドリブルはシンプルである。トリッキーなフェイントも駆使したが、最大の特徴はタテに持ち出す圧倒的なスピードだった。DFと間合いを計りながら右足のアウトサイドでボールをプッシュして走るだけで、軽々と相手を置き去りにした。ガリンシャから送られてくる、GKとDFの間を通す低いクロス。ババはそれを丁寧に叩いてゴールを量産した。

ブラジルの3点目は、この大会のハイライトでペレの名声を不動のものにしている。左からのハイクロスを地面に落とさぬまま、浮き球でDFをかわしてボレーで突き刺した。〝シャペウ〟(帽子)と呼ばれるDFの頭上にボールを浮かせて入れ替わる鮮やかなプレーだった。さらにザガロが決めて4－1、スウェーデンもシモンソンが返して4－2とするが、90分にペレがヘディングで決めて5－2。ブラジルが圧倒的なパフォーマンスでスウェーデンを破り、ワールドカップ初優勝を成し遂げた。

4人の〝10番〟

58年ワールドカップで初優勝したブラジルは、次の62年チリ大会も連覇。66年のイングランド大会は監督の人選に混乱があり、さらに多くの代表候補を選びすぎてコンビネーションが整わず、本大会ではペレが徹底的にマークされて大会から〝蹴り出された〟こともあり、グループリーグで敗退してしまう。あまりにも酷いファウルを受け続けたペレは「二度とワールドカップには出ない」とまで言うのだが、ここまでが58年から始まったペレとガリンシャの時代であった。

ペレとガリンシャ、2人が組んで負け知らずの時代は終焉したが、その後に58年に並ぶ衝撃的なチームが誕生することになる。70年ワールドカップ・メキシコ大会のセレソンはサッカー史上の傑作といっていい。

この70年のブラジルは4－3－3のフォーメーションだったが、実質的には58年の4－2－4

と変わらない。4－2－4で左ウイングを務めたマリオ・ザガロは、前線と中盤を広範囲にカバーしたウイングバックの先駆けだったからだ。70年では、ザガロの役割をロベルト・リベリーノが受け継いだだけである。つまり、58年と70年はともに4－2.5－3.5だった。ただ、70年のセレソンの凄みは、こうした数字の羅列とは別のところにあった。

70年のチームは、4人の〝10番〟を併用しているのだ。ペレ、トスタン、リベリーノ、ジェルソンである。これにジャイルジーニョを加えた5人という説もあるが、ジャイルジーニョはむしろガリンシャの系譜を継ぐ得点力のあるウインガー、あるいはストライカーで、のちに現れる若いころのロナウドと似たタイプだった。4人〝10番〟の同時起用は、ブラジル国内でも冒険といわれていた（図6）。

例えば4年後の74年大会、西ドイツは2人のプレーメーカーのどちらを起用するかで世論が沸騰している。ヴォルフガング・オベラートかギュンター・ネッツァーか。ドイツでは、司令塔が2人では混乱を来すだけという考え方が支配的だったのだ。58、62年のブラジルでも司令塔はジジだけだ。このころのペレは、ほぼ純粋なストライカーだった。

2人の併用もためらう国がある一方で、4人は確かに多すぎる。ただ、4人がまったく同じタイプというわけでもなかった。ジェルソンは深いところに構えているプレーメーカーで、正確無比なロングパスを得意としていた。しかし、残りの3人は典型的なナンバー10である。ペレは万能のストライカー&プレーメーカーで、神業的なヒラメキは誰にも真似のできない正真正銘の天

図6　1970年W杯・ブラジルのシステム

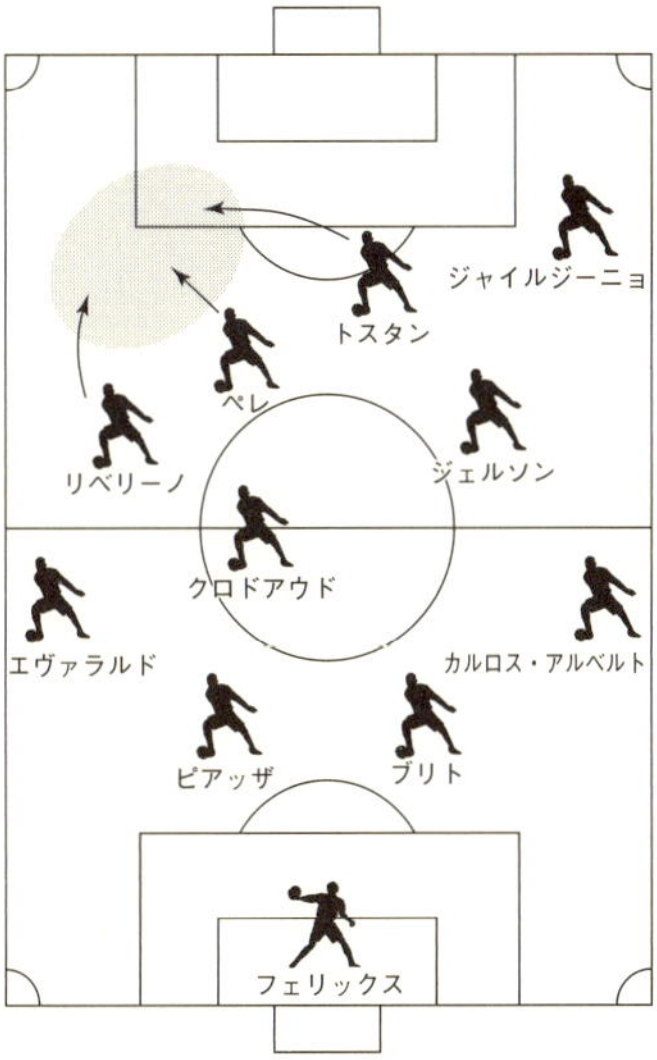

ペレ、トスタン、リベリーノ、ジェルソンによる“4人の10番”を中心に変幻自在の攻撃をみせた。左サイドのスペースを空けておくのは、58年のチームでマリオ・ザガロを起用した4－2－4以来の伝統的な手法といえる

才選手。トスタンは〝白いペレ〟と呼ばれていた。残された映像を見る限りでは、ペレほどの躍動感はないものの、非常に頭脳的でボールコントロールに優れたアタッカーである。リベリーノは左足のモンスターだ。現在の異常に軽く感じるボールとは違う、まだ重い当時のボールを信じられない角度にひん曲げるキックには唖然とする。CKを蹴り損ねて、逆のコーナーまで飛ばしてしまう選手だった。ボールコントロールは精緻を極め、この点では後のディエゴ・マラドーナに比肩するレベルだろう。

これだけの逸材が揃えば全部使いたくなるのが人情だが、船頭が多すぎても船は進まないのが通例である。66年大会の敗北を機に、ブラジルはセレソンの再構築にとりかかっている。アイモレ・モレイラ監督の下、世代交代を図り、68年のヨーロッパ遠征はペレ抜きで編成した。翌69年にはジョアン・サウダーニャが新監督に就任する。70年のチームの基礎を作ったといわれている人物だ。サウダーニャは独自の見解で知られるテレビ解説者で、ボタフォゴの監督としてリオ州選手権に優勝した経歴もある。異色のキャリアを持つサウダーニャは、メンバーを固定して着々と勝利を重ねていった。中心となるのはボタフォゴ、サントス、クルゼイロの選手たち、11人もほとんど固定されたままだった。

これは、66年大会時に候補メンバーを47人まで無定見に膨れあがらせてしまった失敗が身に染みていたからであろう。ちなみに、後にジーコが日本代表監督となったとき、あまりにもメンバーを固定する〝序列主義〟を批判されたが、かつて母国の代表が大量招集で失敗したという教訓を学んでいたせいかもしれない。

さて、順風満帆に思えたサウダーニャ監督だったが、たった2試合で失脚してしまう。国内のクラブとの強化試合を1分1敗で終えると、メディアからいっせい攻撃を受けてしまったのだ。このあたりは、いかにもブラジルらしい厳しさだが、サウダーニャの場合はペレと対立していたといわれ、それも失脚を早めた原因だったとされている。結局、サウダーニャ監督は1年もたず、やはりボタフォゴの監督だったマリオ・ザガロが新監督に就任した。ワールドカップまで、あと1年を切っていた。

70年メキシコ大会、フタを開けてみればブラジルの〝フィエスタ〟となる。全勝で優勝したのはワールドカップ史上初、全勝優勝はこのチームと2002年のブラジルがあるだけだ。決勝のイタリア戦も4－1という稀に見る圧勝ぶりだった。ペレ、トスタン、ジェルソン、リベリーノの4人の〝10番〟は技術とヒラメキを見せつけ、ジャイルジーニョは弾丸の突進を繰り返した。クレバーなボランチ、クロドアウドも沈着冷静なプレー、右サイドバックのカルロス・アルベルトはブラジルの〝ラテラウ〟（ポルトガル語で〝端〟を意味し、サイドバックの呼び名）らしい貫録を示した。

ただ、守備とGKに関しては、かなり貧弱だったのが事実である。攻撃力がすべてを覆い隠してしまうのだが、完璧なチームだったとは言い難い。それでも攻撃面ではワールドカップ史上でも1、2を争うチームであった。

このブラジルが傑出していたのは、たんに抜群の個人能力の集合体ではなく、彼らが感性を共有し、いくつものチームプレーの見本を示したことだろう。この点で、70年のブラジルはトータルフットボールの系譜を継ぐ存在だった。

決勝の4点目、カルロス・アルベルトがペレのパスを受けて叩き込んだゴールへ至る過程などは、ブラジルサッカーの最高芸術として永久保存版にしたいぐらいのシーンである。中盤でクロドアウドがひらりひらりとイタリアのプレッシャーをかわし、左のリベリーノへパス。リベリーノは裏のスペースへ入ったジャイルジーニョへ。ジャイルジーニョはゴールラインと平行にドリブルでピッチを横断してペレへ渡す。この時点で、ペレは後方から急行列車のごとくオーバーラップしてくるカルロス・アルベルトには目もくれていない。緩やかなパスを転がす直前に、ちらりと確認しているだけだ。ペレの前方、ペナルティーエリアにはDFを背にしたトスタンがいて、ペレにカルロス・アルベルトの上がりを知らせていた。ペレはトスタンを見て、オーバーラップを察知したに違いない。だが、そこですぐに見るのではなく、知らぬ顔でゆったりと間をとったのは、王様ペレらしい余裕綽々である。

黄金の4人

70年に攻撃サッカーの神髄を示したブラジルも、その後は低迷期を迎える。次のワールドカップ優勝は94年アメリカ大会で、実に24年も世界一の座から遠ざかっていた。しかし、その間もブラジルが強豪であることに変わりはなく、とくに82年スペイン大会のセレソンは傑出したチームの1つだった。テレ・サンターナ監督が率いたチームの代名詞は、クワトロ・ジ・オーメン（黄金の4人）だ。

70年がペレ、トスタン、ジェルソン、リベリーノによる〝4人の10番〟だったのに似ている。82年の4人はジーコ、ソクラテス、ファルカン、トニーニョ・セレーゾ。70年のブラジルが、古き良き〝フッチボウル・アルテ〟の集大成だったとするなら、4年後の74年西ドイツ大会は、サッカーが近代から現代へ移行する時期だったといえる。オランダのトータルフットボールが大会を席巻し、ブラジルは準決勝で0－2と完敗を喫した。

戦術の転換期だった74年から2大会後の82年に登場したブラジルは、その点で現代サッカーの洗礼を受けていた。しかし一方で、古き良きサッカー芸術を復権させたチームでもあった。

フォーメーションは4－4－2。GKと守備に難があったのは70年大会と似ているが、DF自体が弱体だったわけではなく、あまりにも攻撃に傾きすぎていたからだ。当時のセンターバックだったオスカー・ベルナルディは、後に来日して日本リーグの日産自動車でプレーしている。また、日本で引退後は監督も務めた。そのオスカーに、82年のチームについて話を聞く機会があった。オスカーによると、

「戦術と呼べるようなものは、ほとんどなかった」

彼は86年大会時にテレ・サンターナ監督と対立してキャプテンを降りている。その点は割り引いたほうがいいかもしれないが、同じ監督という立場で振り返ったときに、「戦術がない」というのだから、そうなのだろう。興味深いのは、そのときオスカーに書いてもらった配置図だ。DFは右からレアンドロ、オスカー、ルイジーニョ、ジュニオールの4バック。中盤は〝黄金の4人〟、2トップがセルジーニョとエデル。これが一般的な認識であった。ところが、オスカーが描いたフォーメーション図は明らかにいびつなのだ（図7）。

2センターバックと右サイドバック、そしてセンターフォワードは通常どおりなのだが、その他のバランスが独特だった。まず、オスカーは左サイドバックのはずのジュニオールの位置を中盤に書き込んでいる。いわゆるボランチに近いポジションだった。2トップの一角であるはずのエデルは中盤の左サイド、ウイングバックの位置だ。残りの〝黄金の4人〟も微妙である。センターフォワードのセルジーニョの背後、いわゆるトップ下にはソクラテスと書いた。ジーコはソクラテスより少し前方の右寄りで、内側に絞り込んだ右ウイングのような場所。ファルカンはチームのヘソともいうべき、ど真ん中のポジションで、トニーニョ・セレーゾはファルカンのやや後方、ジュニオールと並ぶ位置取りだ。

この図を見ると、「戦術がない」というのも確かにそうかと思う。なぜなら、オスカーの描いたフォーメーション図は、それぞれの選手が攻撃時に得意とする場所、いたいポジションを表しているにすぎないからだ。それぞれの特徴を発揮できる位置取りを図に表すとこうなる、まさに

図7　オスカーによる1982年W杯・ブラジルの配置図

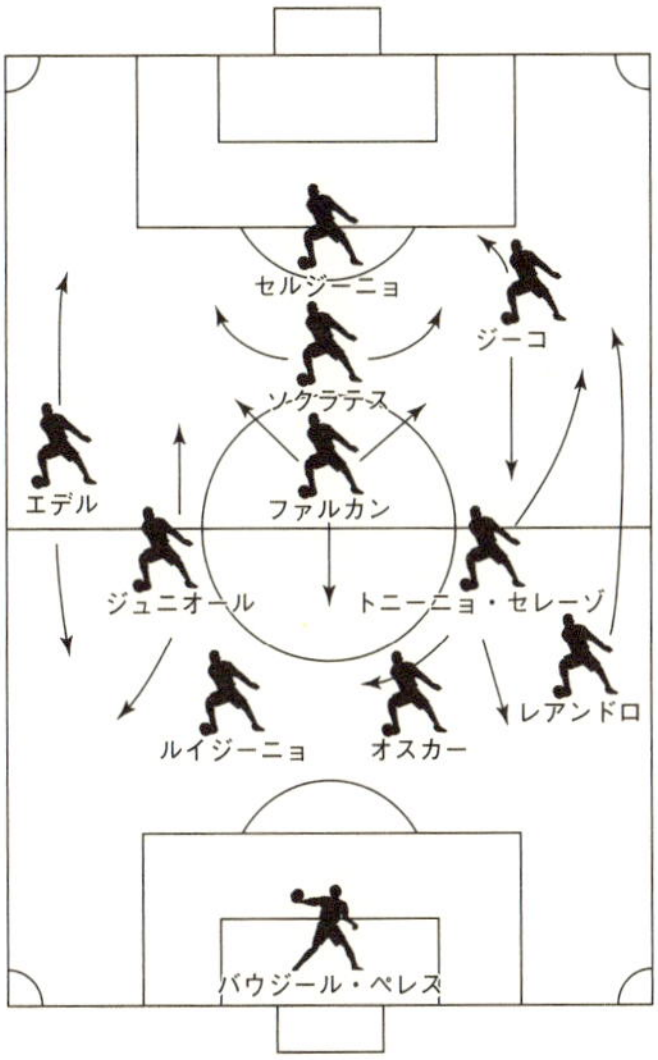

全体に“いびつ”で、型にはまらないこのチームの特徴がよく表れている。各選手が最も得意とするエリアにいるとこうなる。非常に選手の動きの自由度の高い戦術だった

そういうフォーメーションなのだ。

「ただ、動きに規制はないので、私とルイジーニョ（2人のセンターバック）以外は自由にポジションを変えていた。結果的に、守備が薄くなることが多かった」

実際に、左サイドバックであるはずのジュニオールが右ウイングの位置まで侵入するケースもあった。オスカーのいうとおり、「規制がなく自由」であった証だろう。戦術的にはバグンサ（混沌）であった。けれども、82年のブラジルはただ無秩序だったわけではない。同時にオルガニザータ（秩序）もあった。キャプテンのソクラテスは〝バグンサ・オルガニザータ〟と言っている。秩序と進歩（ORDEM E PROGRESSO）の文字がブラジル国旗に記されているが、ピッチのブラジルには混沌と秩序が同時に存在し、それがプレーを進歩させていた。

この混沌と秩序の共存は、ブラジルの偉大なチームの特徴といっていいかもしれない。70年ワールドカップのブラジルもそうだった。82年のブラジルが58年や70年と違うのは、ヨーロッパサッカーの影響を受けていたことであろう。58年の4－2－4がハンガリーを源流とするものであり、70年の4－3－3もイングランドの4－4－2を筆頭とするヨーロッパサッカーへのアンチ・テーゼということではヨーロッパの影響はあったかもしれない。ただ、82年のブラジルは、直接にトータルフットボールの洗礼を浴びた後のチームという点で異質なのだ。テレ・サンターナ監督も74年のオランダに衝撃を受けた1人だった。

秩序と混沌。これはトータルフットボールの中心にいたヨハン・クライフも全く同じ言葉を使っている。ブラジルには、もともとバグンサ・オルガニザータの血が流れていた。けれども、それを概念として意識し、ピッチ上に表現したのは82年が最初で最高の成功例ではないだろうか。それまでのブラジルは4－3－3こそが攻撃サッカーで、ウイングプレーヤーを使ったドリブルを駆使したアプローチこそが伝統とされていた。これはガリンシャ、ジャイルジーニョで大きな成功を収めた記憶が刻み込まれていたせいもあるだろう。4－4－2は守備的、あるいはヨーロッパ的な戦法として評判が悪かった。

テレ・サンターナは「もうガリンシャはいない」と言った。ガリンシャの幻想を追い続ける世論に対しての牽制である。だが、テレ・サンターナは守備型のサッカーを志向していたのではなく、ガリンシャがいなくても攻撃的な美しいサッカーができると信じていた。彼は攻撃サッカーの信奉者であり、ブラジルの可能性を信じていたのだ。

では、82年ブラジルのコンセプトは何だったのか。

コンセプトは徹底攻撃である。まず攻撃ありきのプレースタイルだった。ボールを持って攻める、そのときには各自が最も力を発揮するポジションにいるのがよい。オスカーの描いた、いびつなフォーメーションがそれである。ただし、注目しなければならないのは、82年のチームはガリンシャのようなスペシャリストの集合体ではなかったということだ。

ジーコ、ソクラテス、ファルカン、トニーニョ・セレーゾ、ジュニオールの5人は、スペシャリストというよりもゼネラリストだった。ガリンシャやペレのように、ドリブルで数人をごぼう抜きするようなタイプではないのだ。そのかわり、状況を的確に判断し、正確にパスを捌き、必殺のシュートを放つ。いわば5人のプレーメーカーがいたわけだが、いずれもシンプルなプレースタイルを信条としている。この点では、70年の〝4人の10番〟よりもクセがない。5人のプレーメーカーは共存しやすかった。

〝マエストロ〟5人で攻撃を回すための第一のキーワードは流動性である。

ショートパスを交換しながら、タッチ&ムーブを繰り返していく。そうなると、ポジショニングは必然的に流動する。オスカーの描いたフォーメーションは、選手が実際にその位置にいたというよりも、各選手の得意なエリアを示した図にすぎず、絶え間なくポジションを変え続けていた。パスを叩いて動き、動いた後のスペースに他の選手が入ってきて、さらにパスを叩いて走る。その連続の中から意表をついたアイデアやランニングが生まれ、主にジーコから決定的なスルーパスが通る。これが典型的なゴールへのアプローチだった。混沌の中から、忽然とゴールへの道筋が拓かれるような攻め方である。

マニュアルのないサッカーだった。あるブラジル人が「信号が黄色なら渡れ、赤なら注意、青は止まれ」と言っていたが、予め定められた規則や規制が意味をなさないところがブラジルの社会にはある。82年の〝バグンサ・オルガニザータ〟は、国旗に記されている「秩序と進歩」よりも、ずっとブラジル社会と人々の気質を反映したものだったといえそうだ。規制がなく、従っても秩序がないといっても、ひたすら無秩序なのとも違う。交通法規を守らなくても、互いの機転で事故を回避できているように、ピッチ上に予め決められた動きや組織がなくても、黄金の4人を中心としたブラジルの攻撃は流れるようにスムーズで、洗練の極みに達していたのだ。規制がなく自由で、つまり「戦術がない」状態でありながら、現実のプレーは非常にコレクティブで秩序立っていた。バグンサでありながらオルガニザータは存在していた。

これは〝大人のサッカー〟である。傑出した技術と判断力、経験豊富な選手たちが、互いの〝常識〟で連係を図り、チームプレーを成り立たせる。円熟した彼らにとって、監督から押しつけられる秩序など、かえって邪魔なだけなのかもしれない。もともとサッカーの戦術はピッチ上のわずかな部分しかカバーできないものだ。セットプレーと、一部の約束事、そして漠然とした方向性を決めるぐらいの役割しか果たせない。結局は、その場の判断が大きなウエートを占める。例えば、「サイドチェンジを使って攻める」という作戦があったとしても、実際にサイドチェンジを蹴るかどうかはその場の判断に任せるしかない。いま蹴ったらミスになるとわかっている選手が、独自の判断でサイドチェンジを蹴らないとしても、それで規則違反を問われるようなスポーツではない。不得意な足でサイドチェンジを蹴ってインタセプトされるよりも、確実なショートパスをつなぐほうがずっといいプレーなのだ。戦術や作戦があっても、それを運用するのは個々の選手であり、個々の技量やその場の状況によって運用の仕方を変えなければならない。それを正しく行えるのが熟練した、インテリジェンスに富んだ選手ということになる。

ストライカー兼プレーメーカーのジーコは、このチームのエースだった。そして、ジーコの最大の特徴はインテリジェンスである。〝白いペレ〟と呼ばれたジーコだが、似ているのは58年のペレではなく、70年のペレだ。語りぐさになっている70年決勝の4点目、カルロス・アルベルトへのアシストは、技術的には小学生にも出せるインサイドキックにすぎない。58年の決勝、浮き球でDFをかわしボレーを決めたときのペレは、その美しくアクロバティックな技巧で観衆を酔わせている。ただ、このころはまだ17歳でプレーも子供っぽい。子供っぽいというより、曲芸的でアニメの主人公を見るようだった。だが、70年のペレは円熟した大人の選手としての渋さ、真の偉大さを醸し出していた。曲芸ではなく、小学生のサイドキック1つで人々を唸らせた。ジーコが似ているのは、円熟したペレのほうだ。

82年大会で数々の決定機を演出するジーコのパスは、見た目の技術は全く難しいものではない。ごくシンプルなインサイドキックやアウトサイドキックである。ソクラテス、ファルカン、トニーニョ・セレーゾも、ジーコに負けない抜群のインテリジェンスを発揮した。ジュニオールも然り、レアンドロ、オスカー然り。それぞれ個性は異なるが、どうやって攻め守るか、つまり戦術理解力に長けた、高度なインテリジェンスを持った円熟した選手の集合体だった。彼らは、その場に最もふさわしい秩序を打ち立てていく能力があったわけだ。それぞれが優れたソリストであったが、それ以上に協調してプレーを作っていく。ジャズのセッションに近い。予め譜面があり、それに従って演奏するオーケストラではなく、極めてラフな約束事の中で、互いの個性を十二分に発揮しながら、なお互いの音を拾って即興でつなげていく。そこに82年の真骨頂があり、バグンサ・オルガニザータ最大の魅力があった。

インテリジェンスに裏付けられた即興のパスワーク、その結果としてのポジションの流動性は大きな特徴だった。その点で、82年のブラジルはトータルフットボールの系譜に連なっている。

しかし、守備面では課題があった。あまりにも攻撃に傾きすぎるからだ。

後に鹿島アントラーズで監督を務めたトニーニョ・セレーゾによると、

「中盤で守れる選手は自分とファルカンだけだった」

〝ローマの鷹〟と呼ばれたパウロ・ロベルト・ファルカンは、広範囲を動き回るボランチだった。エレガントなプレースタイルはベッケンバウアーを彷彿させる。ただ、稼働範囲が大きいために守備に入れないこともあった。ジーコ、ソクラテス、ファルカンの背後で一手に守りを引き受けていたのがトニーニョ・セレーゾなのだが、彼も長い距離を走っての攻撃参加が得意で、左サイドバックのジュニオールはほとんど攻撃にかかりきり、右のレアンドロもオーバーラップを繰り返していたから、実質的にフルタイムで守っているのはGKと2人のセンターバックだけなのだ。

ただ、ブラジルが大量に失点していたかといえば、全然そうではない。2点以上とられた相手はイタリアだけ。ポジションが存在しないかのような流動的な攻撃が看板だったチームの課題の1つは、誰が守るかだった。攻撃時にポジションが崩れているということは、ポジションが入れ替わっている状態で守らなければならない。つまり、守備でも流動性が要求される。74年のオランダは、守備面でも選手間の互換性の高いチームだった。守備面でもトータルフットボールだった。82年のブラジルは、それに比べるべくもない。なにせ「守れるのはファルカンと自分(トニーニョ・セレーゾ)だけ」なのだから。

ここで第二のキーワード、ボールポゼッションを挙げなければならない。

守備面であてになる選手が極めて少ない編成で、それでも守れていた秘密がこれだ。ブラジルは守っていたというより、攻められていないのだ。ボールをキープし、保持し続けるので、守備をしている時間が非常に短かった。さらに、ボールを奪われた瞬間に近くの選手たちが連係してプレッシングを行ってもいた。相手陣内でボールを失っても、このときのブラジルはディフェンスラインをハーフラインまで押し上げており、前方から即座にプレッシャーをかけることで、DF陣の仕事は相手のカウンターを切ればよかった。引いて守るのではなく、敵陣で前から守っていた。自陣と敵陣は、ピッチの面積は同じでもパスのつなぎやすさでは敵陣である。自陣内でのミスパスは、即失点につながりかねない。守っている側は、自分のゴールからは遠いので、いざとなったらファウルで止めてしまっても支障はないし、かわされてもシュートを打たれることもない。敵陣での守備は積極的に行うことができる。とくに押し込んでいる場合は。ブラジルは引いて守って強いわけではないが、敵陣でプレッシングを仕掛けることはできた。

しかし、ポゼッションを戦術の軸とすると、攻撃に手数がかかって相手に引かれてしまうケースが出てくる。ブラジルを相手にするチームは、はじめから引いてしまうことも多い。引いた相手をどう崩すか、ここでは売り物のパスワークだけでなく個人能力もモノをいった。攻撃のゼネラリスト揃いの中で、唯一スペシャルな存在だったのが左サイドを担当していたエデルである。彼は左ウイングというよりもウイングバックで、強力な左足のキックを武器にしたアーリークロスが十八番だった。デビッド・ベッカムと似たタイプだったのだ。流動的な攻撃の中、エデルだけが左サイドに張り付いていたのは、スペシャリストだから。ゴール前を固めた相手の外側から、ピンポイントのクロスを打ち込むのはエデルの役割であった。また、ロングシュートやミドルシュート、ロングレンジのFKも彼の担当だった。

ミドルレンジのシュートということでは、ファルカンやトニーニョ・セレーゾも得意としており、引いた相手を引きずり出す威力は十分。個人プレーに走らないジーコも、いざとなれば密集をかいくぐって突破するドリブルの能力を示していたし、ソクラテスとの息のあったワンツーも重要な攻め手だった。「ドトール（ドクター）」のニックネームを持つソクラテスは、実際に医師の免許を持つインテリである。チームのキャプテンで、統率力があった。長身でリーチも長く、ゆったりしたリズムのプレーは独特、ヒールキックがトレードマークだ。ジーコのとのコンビネーションでは、「私（ソクラテス）はワンタッチ、ジーコはワンタッチかツータッチ」というリズムだったそうだ。長身のソクラテスは自分の間合いにボールを入れてしまうと、その中でタイミングを操作できた。プレーイングディスタンスが大きいので、ボールを人より余分に流すことができたし、その幅の中でタイミングを早めたり遅らせたり、ヒールも駆使して意表をつくこともできた。ワンタッチでもタイミングの操作ができるのはソクラテス独特の才能である。また、長身を利しての空中戦も強かった。

相手に引かれることなど、ブラジルにとっては問題ではなかった。パスワークで解体することも、ミドルシュートをお見舞いすることもできた。ドリブルやワンツーでの侵入もあり、ハイクロスあり。ファウルをとれば近い場所ではジーコ、遠くからはエデルというスペシャリストもいた。

しかし、この素晴らしいブラジルは2次リーグで敗退し、ベスト4に残ることもできなかった。準決勝をかけて戦ったイタリアは、この大会で優勝する強力なチームだ。ただ、ブラジルはイタリアを過小評価していたかもしれない。引き分けならば準決勝に進めたのに、ファルカンのゴールで2－2とした後も、なお追加点を狙って攻め続けたのだ。テレ・サンターナ監督には、守るためのカードも残っていた。アルゼンチン戦でディエゴ・マラドーナを抑えたバチスタ、センターバックのエジーニョといった守備のスペシャリストがベンチにいたのだ。結局、パオロ・ロッシによる3ゴールめを食らい、ブラジルは敗退してしまう。

円熟した選手による落ち着きと格を備えた〝大人のサッカー〟、洗練された徹底攻撃、そしてフェアプレー。テレ・サンターナの信念がこのチームを開花させたが、同時にその信念の下に散ったともいえる。ベストチームは敗北する。54年ハンガリー、74年オランダに続いて、82年のブラジルはワールドカップの皮肉な歴史に新たな1ページを付け加えてしまった。

Chapter 4

天才ヨハン・クライフの挑戦

The Challenge of Genius Johan Cruijff

コロンブスの卵

1本の糸をたぐっていくこと。歴史を辿っていくとき、時代を超えてつながっていく流れを把握しなければならない。本書では、トータルフットボールという一筋の流れを明らかにしたい。とはいえ、その流れは太い1本の川ではなく複雑に入り組んでいる。

いくつもの支流に分かれ、そのうちのいくつかは枯渇して途絶え、また途絶えたかにみえて再び現れてつながったりする。細々とした小川だったものが、どこかで大河につながったりもする。理解しやすくするために、あえて紆余曲折を単純化して紹介しているつもりだが、それでも時系列が前後してしまう部分があるのはお許し願いたい。

トータルフットボールの流れからすれば、ミランの後にバルセロナと続けるのが理解しやすい。だが、実際にはサッキ監督のミランとクライフ監督のバルセロナは、ほぼ同時に発生している。サッキのミラン監督就任は86年、クライフのバルセロナ監督就任は88年である。ただ、クライフはバルセロナの前には3シーズン、アヤックスを率いていた。バルセロナでの戦術はすでにアヤックス時代に表れており、つまりサッキのミランと、そのアンチ・テーゼとなるクライフの戦術は、実際にはほぼ同時に発生しているのだ。

クライフがサッキのミランに対抗するために、新しい戦術を考えたのでないのは明らかである。

74年のオランダを整理し、主に守備面で新しい流れを作ったのがサッキのミランなら、クライフは攻撃面を継承していた。

「騎手である前に馬である必要はない」

サッキはそう言ったが、クライフの〝前世〟は紛れもない名馬だ。トータルフットボールの中心であり、創造性の源泉だった。そして、フットボールの知性と経験を生かして名騎手となっている。

サッキ自身が言っているように、彼が率いたミランはいくつかのチームを参考にしている。84年に3度目のヨーロッパチャンピオンになったリバプールは、その1つだった。プレッシングの流れはリバプールにも受け継がれており、サッキはミランでそれをより大きな流れに変えたのである。一方、クライフはそうした守備組織の発達という流れに棹さす形で独特の攻撃的フットボールを開花させた。こちらのほうは、何かの前例やそれ以前の流れを継いでいったというよりも、むしろ唐突に出現したという印象である。

ミランが登場した80年代後半、そのアグレッシブな戦術は世界にショックを与えた。その結果、ミランの模倣者、追随者を次々と生んでいく。ところが、その間にクライフは全く別のことを考えていた。ヨハン・クライフは選手として史上に残る天才だったが、監督としても天才的な感覚を持っていたのは間違いない。

天才とは、同じものを見て、違うことを考える人だと思う。先入観にとらわれず物事の実相を見抜く、ある意味で極めて科学的な目を持っている。天才の代名詞といえば、驚異的なデッサン力を持ちながら子供の落書きのような絵を描いたパブロ・ピカソや、一般人にはとうてい理解不能な物理学理論を説いたアルベルト・アインシュタインが挙げられる。日本史上では、戦国武将の織田信長が天才の1人といわれている。

武田の騎馬隊を壊滅させた長篠の戦は、信長の軍事的天才性を語るうえでよく引き合いに出される事例だ。当時、発射に時間がかかるために実戦での実用価値が十分でなかった鉄砲を大量に購入し、鉄砲隊を縦に並べることで連射を可能にした。最前列で発射したら、列の最後尾について装填を開始、その間に装填を終えた別の兵隊が発砲するという手順だったという。ただ、信長の真の天才性はまた違うところにあったという説は興味深い。鉄砲の発する爆音に着目したというのだ。連射可能といっても、当時の火縄銃で疾走する馬や、まして騎乗の侍に当てるほどの命中率は期待できず、むしろ鉄砲の発する音によって騎馬隊の馬が驚き、使い物にならなくなったというのだ。

コロンブスの卵である。天才がやった後なら、誰もがああそうかと気がつく。だが、後から気づく人々は決して最初にそれをやらない。クライフの発想も、それに近いものがあった。

プレッシング戦法を完成させたサッキ監督は、どこかでそれが常態化することを予見していたと思う。「鳥カゴ」と呼んだスモールコートを建設し、そこでプレッシング下での攻守に磨きをかけていた。相手からスペースと時間を奪った戦術が、今度は自分たちに降りかかってくるだろうと予測していたに違いない。スペースと時間のないフットボール、その新しい時代の中で、先駆者である自分たちがどうやって生き残るかを探っていた。

ところが、クライフの発想は全く違っている。スペースと時間のない時代が到来していることは、ミランを見る前からわかっていただろう。サッキが参考にしたリバプールのような先例もあり、そうした流れがあるのは明らかだった。ただ、彼はスペースも時間もない中でどうすればいいかとは考えなかった。スペースと時間など、ない者にはないかもしれないが、ある者にはあるのだ、そう考えたところにクライフの天才性がある。

「優れたテクニックの前では、プレッシングは無力だ」

天才ヨハン・クライフは、プレッシングされるからスペースと時間がなくなるとは考えなかった。たんに選手が下手なだけだ、そう結論づけた。優れた技術があれば、プレッシングの網にはかからない。このクライフの説は、それだけ聞くとほとんど暴論である。そりゃ、選手がみんなクライフならそうかもしれないが、実際にそんなことはありえない。マラドーナだって苦労しているじゃないか、そういう反論が聞こえてきそうだ。だが、クライフ監督は自説をピッチ上で証明してしまうのだ。

ウイングプレーヤーの復活

戦術上、クライフ監督のアイデアで最も重要なのはウイングプレーヤーを復活させたことだろう。

クライフがバルセロナの監督に就任した80年代後半、ウイングは絶滅寸前のポジションになっていた。かつての花形ポジションは、守備的戦術の広がりに反比例して姿を消していく。史上に残るウイングプレーヤーといえば、イングランドのスタンレー・マシューズとブラジルのガリンシャが挙げられる。マシューズは17歳でデビューした後、50歳までプレーした最長寿のプロ選手だった。右タッチライン沿いで、縦に相手を外すフェイントは絶品で〝マシューズ・トリック〟と称賛されていた。ガリンシャは抜群のスピードと独特のフェイントモーションを持つ、予測不能のドリブラー。ほとんど得点しなかったマシューズと異なり、左右両足から強烈なシュートを放ち、FKでもヘディングでも点がとれるスーパーなFWである。この2人は別格としても、70年代までは多くの技巧的なウイングプレーヤーがいた。レッドスター・ベオグラードの〝五大偉人〟の筆頭であるドラガン・ジャイッチ、西ドイツ代表で活躍したユルゲン・グラボウスキー、ガリンシャの再来といわれたブラジルのジャイルジーニョなど、それぞれ個性的なドリブラーだった。

ウイングに人気があったのは、彼らがＤＦと相対して華麗な技や驚異的なスピードで翻弄し、絶妙なラストパスを供給する仕事場が観客席に近かったことにも関係がありそうだ。ガリンシャは、ボールを静止させたまま体の動きだけでＤＦを釣り、完全にバランスを崩させた後で悠然と歩いてボールのあるところへ戻り、また全く同じフェイントを仕掛け、３回目でようやく抜き去るという手の込んだスタンドプレーで観衆を熱狂させていたという。また、サイドアタックの有効性は今も昔も変わらず、おそらく永遠に変わらない。

サイドからのクロスボールに対して、ＤＦがボールとマークすべき相手を同時に見るのは難しいからだ。これは人体の成り立ちが変わらないかぎりそうなのだ。よく「ボールウォッチャーになるな」といわれるのは、ボールに注視してマークを外してしまうからである。腕を使って相手の位置を確認したり、相手よりも若干後方にポジションをとってボールと相手を同一視野に収めようとしたり、ボールウォッチャーを回避しようとさまざまな工夫がされてはいる。だが、実際にボールが飛んでくるときには、やはりボールに集中せざるをえない。ボールを注視すれば相手を見ることは不可能で、間接視野でとらえるしかないのだ。どうしたって、ボールウォッチャーにならざるをえない。

最もマークを見失いやすいのは、ゴールラインからマイナスに入ってくるクロスボールだ。ここからボールが入ってくるなら、ＤＦはマークを諦めるしかない。ボールか相手か、どちらかしか見られない状況である。次に危険なのは、縦に抜いてから入れてくるクロスボール。ＤＦは自陣ゴールへ戻りながら、ボールと相手を見なければならないが、動きながらボールに反応するのが難しく、偶然動いている方向へボールがくれば早く処理できるが、動きの逆をつかれたら確実に反応は遅れてしまう。また、DFとGKの間へのスピードのあるクロスは、体をひねりながら処理しなければならず、ミスタッチすればオウンゴールになりかねない。攻撃側はゴールへ向かっていく勢いのままにプレーできるので、反応速度という点ではるかに有利である。

ドリブルで縦へ抜き、中央のDFを動かした状態でクロスボールを入れる攻撃は得点になりやすい。だから、1対1でDFを抜く力を持ったウイングプレーヤーは極めて重要な戦力だった。では、人気もあり、戦術的にも重要なウイングがなぜ廃れてしまったのか。

サッカーの戦術は、基本的に守備の発達とほぼイコールである。フォーメーションだけみても、初期には2人だったDFがオフサイドルールの改正にともなって3人になり（WMシステム）、さらに4人になる。MFも3人から4人、5人と増加傾向。当然、FWの数は減っていく。WMシステムのときには5人いたのが4人になり、3人、2人、そして1人へ。もちろん、単純にアタッカーの人数を減らしているわけではなく、FWが減少したぶんはMFやDFの攻撃参加によって補っているのだが、攻撃専門のスペシャリストを削り、守備に人数をかけてきたのは間違いない。

ウイングプレーヤーはスペシャリストだった。守備時の実働部隊を増員していく戦術の流れの中で、最初にリストラ対象になったのが職人的な技巧派であるウイングプレーヤーだったといえる。4－4－2システムが出てきた時点で、ウイングプレーヤーはドリブルとクロスボールの専門家ではなくなり、中盤の守備にも参加することになる。中盤のサイドの守備を受け持ち、ときにはサイドバックの近くまで引いて守る。ピッチを縦に何往復もするスタミナが要求されると同時に、守備力やパスワークの能力も必要になった。かつての職人的ウイングのように、守備時には前線に残ってスタミナを温存し、ここぞという瞬間に爆発的な攻撃力を発揮するというわけにはいかなくなったのだ。こうして、スペシャリストとしてのウイングプレーヤーは減少の一途を辿る。

ただし、サイド攻撃は依然として有効なので、職人に代わってMFやDFの〝パートタイマー〟がウインガーの仕事をこなすようになった。攻撃参加するサイドバックとしては、インテルとイタリア代表で活躍した左サイドバック、ジャチント・ファケッティが先駆者といわれている。64、65年にチャンピオンズカップを連覇した〝グランデ・インテル〟の中心選手だった。ちなみに、イタリア代表では攻撃する左サイドバックは定番となり、ファケッティの後にはアントニオ・カブリーニ、パオロ・マルディーニといった美男子で華のある選手が受け継ぐのがなぜか伝統になっている。攻撃するサイドバックは、3－5－2システムの普及とともに〝ウイングバック〟となった。

MFとウイングを兼ねた〝ワーキング・ウインガー〟では、すでにマリオ・ザガロというモデルはあったが、66年ワールドカップの優勝メンバーであるイングランドのマーチン・ピータースが挙げられる。あらゆる場面に突如として現れるプレーぶりから〝ゴースト（幽霊）〟と呼ばれていた。このワーキング・ウインガーの系譜は現在も続いていて、デビッド・ベッカムのようなクロスボールの名手、〝クロッサー〟も登場している。彼らはドリブルで縦に突進するのではなく、深い位置からDFに寄せられる前にピンポイントのロングクロスを配球する。この点では彼らも職人で、ウイングバックにもアンドレアス・ブレーメなど多くのクロッサーがいた。

さて、ヨハン・クライフが復活させたウイングは、ワーキング・ウインガーでもなければウイングバックでもない。昔ながらの本格的なウイングプレーヤーだった。

ただし、ガリンシャやマシューズを必要としていたのでもない。ウイングという職人を復活させたのではなく、前線のサイドに張り出すポジションを作ったことに大きな意味があった。

クライフがアヤックスとバルセロナで導入したのは3－4－3システムだった。だが、クライフ自身は「4－4－2または3－5－2でもある」と語っていて、この配置自体にそれほど大きな意味はない。クライフ監督といえば3トップが代名詞のようになっているが、FWが3人であることにこだわりはなかったと思われる。「4－4－2または3－5－2」なら、どちらも2トップということになる。肝心なのは、2トップでも3トップでも両サイドの高い位置に選手を置くことなのだ。

92年、バルセロナに初のビッグ・イヤーをもたらしたチームには、ミカエル・ラウドルップとフリスト・ストイチコフが主にウイングポジションでプレーしたが、センターフォワードはいな

図8　1992年トヨタカップ・サンパウロ戦でのバルセロナの布陣

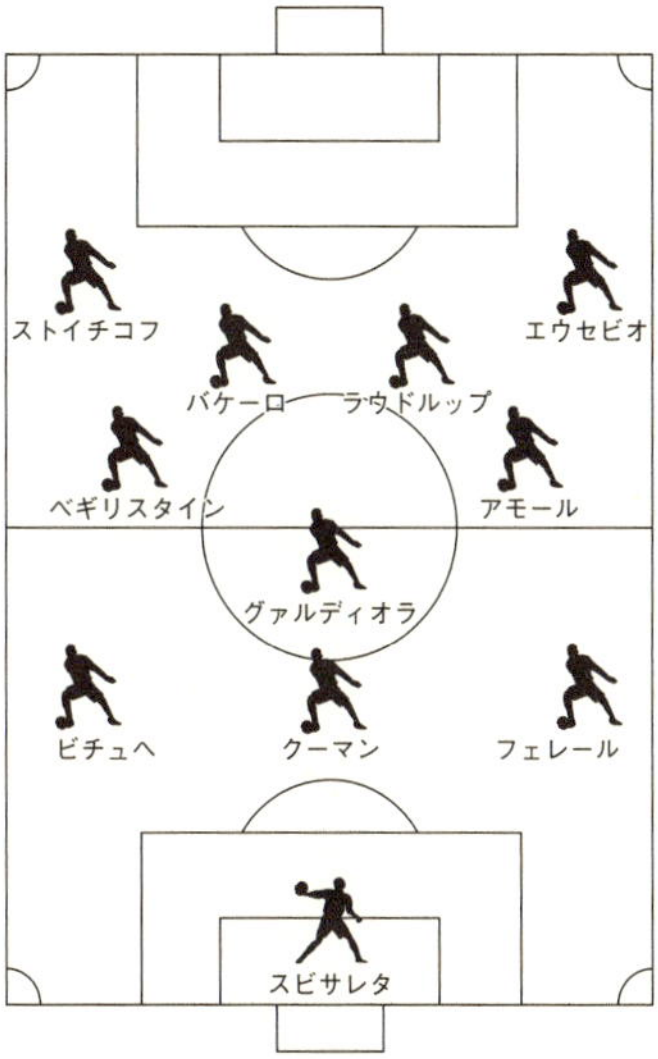

両サイドにストイチコフとエウセビオを置き、センターフォワードはラウドルップとバケーロが交互に務めるような変則的なフォーメーション。プレーメーカータイプのビチュヘをDFの左で起用しているのも興味深い

いことも多かった。フリオ・サリナス、ホセマリ・バケーロ、ラウドルップのいずれかがセンターでプレーしたが、純粋なストライカーはフリオ・サリナスだけだ。バケーロやラウドルップがセンターフォワードに起用されるときには、中央の最前線に固定されておらず、自由に動いている。ストライカーというよりトップ下で、クライフの現役時代のスタイルに近い。そのかわり、ウイングプレーヤーは固定された（図8）。

ウイングを固定した理由は、ピッチの横幅を使うためである。アリゴ・サッキ監督はポジショニングの要諦として「ショート&ワイド」と言っていたが、ウイングを使うことで攻撃はワイドになる。言い換えると、1人1人のスペースを最大化するには、横幅いっぱいに張り出したポジションが必要なのだ。

ミランの4－4－2で幅を作り出しているのは、MFのサイドのプレーヤーだった。相手陣内に押し込み、プレッシングによる「相手陣内でのカテナチオ」でそこから相手を出させない状況が続けば、両サイドにはワーキング・ウインガーやサイドバックが張り出す形、つまり4トップに近い状態になるのでポジショニングはワイドになる。しかし、自陣からカウンターアタックを仕掛ける場合は事情が違う。

2トップが中央に残っていると、攻撃の幅は相手ゴールへ向かって先細りした幅しかない。例えば、右サイドバックがボール奪取したとして、タッチライン沿いに前線へ展開するには、FWが中央から右タッチライン方向へ動くことになる。ところが、そこは〝センターフォワードの墓場〟なのだ。背中にDFを貼り付けたまま、タッチライン方向へ走って縦パスを受けるプレーは、FWにとって非常に不自由だからだ。そこで期待できるのは、せいぜい味方の上がりを待つキープか、サポートした味方へ落とすパス、あるいはスローイン、そしてかなりの頻度でファウルを受けることになる。〝墓場〟と呼ばれる所以だ。ただ、ミランにはフリットという、相手のチャージをモノともせずに右サイドを独力で破っていく怪物的なFWがいた。しかし、こういうFWはむしろ例外で、またフリットがいたとしても簡単なアプローチではない。サッキ監督は、ときにフリットを予め右サイドに張らせる戦法もとっている。

では、前線のサイドにウイングがいる場合はどうだろうか。自陣からの組み立てでも、予めタッチライン沿いにFWがいる。サイドバックはウイングの足下、あるいは相手サイドバックの裏のスペースを狙ったパスが可能だ。ボールを受ける側（ウイング）も、それほど無理な体勢ではない。視野も相手ゴール方向へ確保されている。2トップの片割れがサイドに流れながらボールを受ける場合の、ピッチの状況が全くわからない体勢とは天地の差といえる。攻撃の幅は、扇状に広がっている。中央のFWがサイドへ流れながらパスを受けるのに比べると、はるかに容易にボールを前へ運んでいける。

中央からサイドへの展開も容易だ。中央の2トップの場合は、1人がサイドに開くか、MFやDFが押し上げてくるまでサイドは使えない。一方、そこに予めウイングがいれば、すぐにサイドへパスすることができる。さらに、サイドへ展開した後に決定的な違いが生じる。例えばベッカムのようなクロッサー、あるいはブレーメのような優秀なウイングバックであっても、そこからドリブルを駆使するのは稀だ。ほとんどのケースで、ハイクロスを蹴って終わりである。ところが、ラウドルップのようなドリブルの名手ならば、サイドを縦に破ってクロスを入れることもできるし、カットインしてシュート、スルーパスと多彩な攻撃を仕掛けられる。ウイングはタッチラインを背負っているため、背後を気にする必要がなく、比較的自分のペースで1対1の勝負を仕掛けることができる。そこで何ができるかは、その選手のテクニック次第だ。利き足のクロスしか選択肢がなければ、それをやるしかないが、両足が使えて、フェイントで縦にも中にも抜いて出られるならば、攻撃の可能性は一気に広がる。クライフは、最も強力な選手をサイドに配置した。

12個のトライアングル

クライフとほぼ同世代のオランダ人監督、ハンス・オフトはペップ・グァルディオラのポジションを「センターバック」と言っていた。

バルセロナのフォーメーションが3－4－3だとすると、最終ラインの中央はロナルド・クーマンだ。グァルディオラは中盤の「4」の底に位置しているから、センターバックではなくMFのはずである。だが、クライフ監督も「センターバック」に数えていた。彼が「4－4－2でもある」というとき、DFの「4」の1人がヴァルディオラなのだ。

74年オランダのセンターバックはレイスベルヘンとハーン。当時の概念に当てはめて、メディアはアーリー・ハーンを「スイーパー」と呼ぶこともあった。ところが、ハーンのポジションはレイスベルヘンの背後ではなく、前にいることも多かった。攻撃時には、中盤でパスを捌いている時間が長かったからだ。その意味では、西ドイツのフランツ・ベッケンバウアーもまたストッパーより前方でプレーする時間の長い、前にいるリベロだったといえる。守備のときも、「ボール狩り」と呼ばれた前進守備が発動すれば、最後尾に余っている場合ではなくなり、前に出て相手選手をつかまえなくてはならない。そういう事情で、ハーンは攻守にわたって前方のリベロとしてプレーしていた。

オランダ人の3－4－3システムでは、ハーンのポジションは3人のDFではなく、4人のMFの底になる。「4」の底に位置するポジションはもともとリベロ、またはセンターバックだったのだ。アヤックスやオランダ代表では、ライカールトがこのポジションを務めていた。相手のFWをマークするのはライカールトとはかぎらず、前方のセンターバックであるライカールトと、後方のセンターバックの間で受け渡していた。FWに対するマークの仕方は、フォーメーションの表記が横列の数字であるせいか、横の関係だけで考えられがちだが、実際には縦の関係もある。

例えば、相手の2トップに対して3バックが対処するなら、2人がマークして1人が余る。だが、相手FWは並列とはかぎらず、縦や斜めの位置どりになることもある。そのときに、最終ラインの3人が相手についていって縦一列になれば、左右にスペースを空けることになってしまう。しかし、センターバックが縦のゾーンを分担していれば、FWが縦関係にポジションをとっても守備バランスに影響が出ない。

クライフやオフトが3－4－3の「4」の底に位置する選手を「センターバック」と呼ぶのは、英国人がいまだにセンターバックを「センターハーフ」と呼ぶのと同じではないだろうか。かつて2バックだったのが、WMシステムができたときに3バックになった。中盤からディフェンスラインに下げたのは背番号5のポジションで、ハーフバックの中央、つまりセンターハーフだったことに由来している。オランダの場合はイングランドのケースとは逆で、センターバックがセンターハーフに上がっていて、そのセンターハーフをかつての呼称である「センターバック」と呼んでいるのだと思われる。

さて、3－4－3が実は4－3－3だろうと、あるいは4－4－2だろうと、基本的には縦に菱形が3つ並ぶような位置どりだ。前線のウイングがサイドいっぱいにポジションをとることは前記したが、このフォーメーションの特徴はトライアングルの数が多いところにある（図9）。

クライフ監督は、前線のウイングをサイドに張らせると同時に、10人のフィールドプレーヤーを、選手間で形成されるトライアングルの数が最多になるように散開させている。

「人はボールより速く走れない。ボールはいくら動かしても疲れない」

ボールホルダーに対して2つのパスコースを用意するのは、パス回しの基本である。3－4－

図9　3-4-3システムとトライアングル

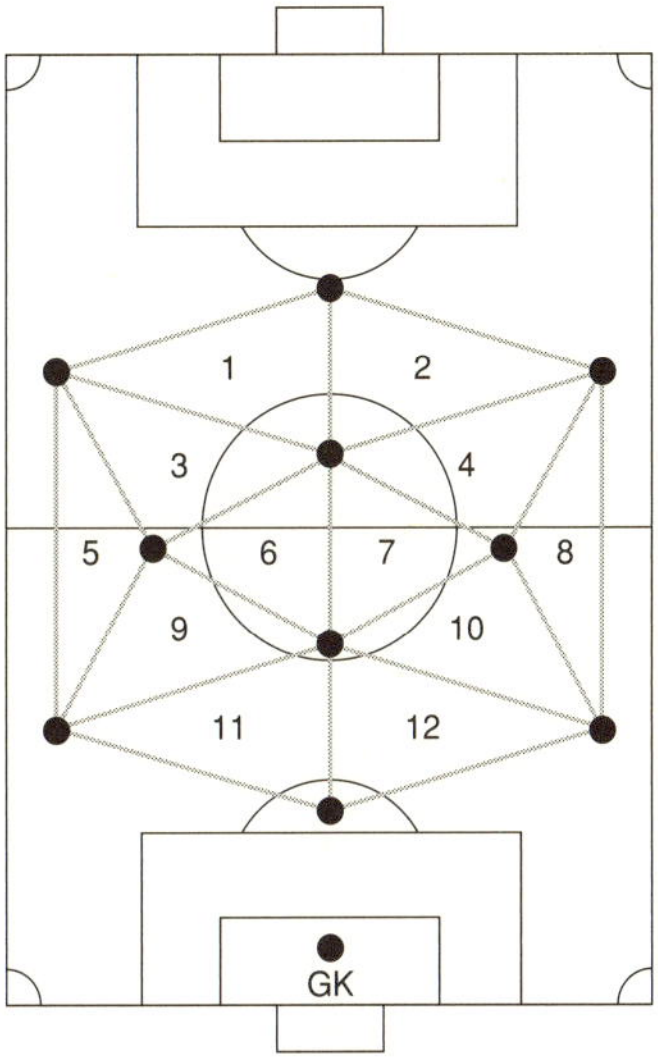

12個のトライアングルができる。縦に菱形が3つ並ぶようなフォーメーションで、各トライアングルでのパス回しとトライアングル間でのボールのリレーによるパス回しによって、ボールポゼッションに向いている

3では、そのトライアングルが予め用意されている。その数は最大12個で、もっともパスが回りやすい陣形だ。クライフ監督のバルセロナは、このトライアングルを維持してパスを回し、さらにトライアングルから別のトライアングルへと絶え間なくボールをリレーしていった。

その結果、プレッシングは無効化されてしまった。

プレッシングはボールに絶え間なくプレッシャーをかけ、同時に陣形を縦横に圧縮して、攻撃側からスペースと時間を奪い取る守備戦法である。ところが、バルセロナはトライアングルで素早くパスを回してプレッシングの網からボールを逃がしてしまった。プレッシャーをかけ、陣形をコンパクトにしてボール奪取しようとしてもとれず、たちまち広い逆サイドに展開されたら、もう一度そちらへ移動して圧縮をかけなければならない。しかし、クライフが言ったように「人はボールより速く走れない」。何とか食らいついていっても、それを繰り返されたら体力がもたなくなってしまう。「ボールはいくら動かしても疲れない」けれども、人間は疲れるのだ。

こうして、プレッシングという戦法を忠実に行おうとすればするほど、プレッシングは崩壊へ向かうというパラドックスを抱え込むことになった。

縮み志向のプレッシングに対して、クライフはその上から大きな円を被せることで、プレッシングという戦法を分解してしまったのだ。最前線のＦＷを横幅いっぱいに開かせた戦略的な意味はここにある。最多12個のトライアングルを用意したのもそうだ。けれども、前記したようにクライフはプレッシングを破るためにこの戦術を練り上げたわけではない。ミランのプレッシングとクライフの3－4－3は、ほぼ同時に発生している。むしろ、クライフはプレッシングなどほとんど問題にしていなかったのではないか。

彼の戦術は、ただより良く攻撃するためにあった。

アタッキング・フットボール

アリゴ・サッキは「スペクタクル」を追求した。守備的なイタリアにおいて、彼のミランが展開したフットボールは確かに攻撃精神に溢れ、革命的でさえあった。だが、クライフのバルセロナと比較すると、サッキのミランは攻撃的というよりアグレッシブというほうが的確だろう。受動的な守備ではなく、積極的にボールを奪いにいく姿勢は攻撃的守備だった。しかし、本来攻撃はボールを持っていないと成立しない。サッキの改革は主に守備面で、より有利な形で攻撃するための準備にはなっていても、ボールを奪った後の攻撃で何か特別な戦術があったわけではない。日本語にすればどちらも「攻撃的」かもしれないが、アタッキングよりもアグレッシブがミランの神髄だったと思う。

バルセロナの場合は、文字どおりのアタッキング・フットボールだ。現地記者の話でも、守備の練習をしているのを見た記憶がないという。それどころか、シュート練習も数えるほどだった。トレーニングの大半はパス回しで、相手をつけない練習はほとんどやらない。ゲーム形式の練習が多いので、その中では守備もするしシュートもあるが、対人なしでのシュート練習はやらず、まして守備のためだけの練習はないも同然だったという。

ボールを奪うために何をするかではなく、ボールを持ったときに何をするか。クライフのチーム作りはそこに集中していたようだ。

「どうやって弱点を消すかではなく、相手の弱点をつく」

クライフ監督の思考は、徹底的に攻撃型だ。攻めて、点をとる。どうやって守るかではなく、相手より多く点をとればいいという考え方なのだ。実際、相手の弱いサイドに強力なFWを当てて、そこから崩していく作戦をよく使っていた。ラウドルップとストイチコフは、ともに強力なウイングFWだがタイプは違う。ストイチコフは突進力があり、半分はストライカー。ラウドルップは瞬間的なキレと柔軟なボールタッチが持ち味で、半分はプレーメーカーだ。この2人は左右どちらのサイドでもプレーできた（ストイチコフは完全な左利きだが、右サイドもできる）。ゴイコチェア、ベギリスタイン、エウセビオといった、また違うタイプの選手もいたから、対面のサイドバックの弱味につけ込む手駒には事欠かなかった。

ともあれ、攻撃するにはボールが必要だ。相手陣内へボールを運ばなければシュートは入らない。そのためにトライアングルを用意し、ウイングプレーヤーを置いたわけだが、ただ選手を配置していたわけではない。サッキ監督は「鳥カゴ」というミニコートを利用したが、クライフ監督はもっと狭い長方形の中でのパス回しを常に練習メニューに組み込んでいる。20×10メートルほどのエリアに20人もの選手を押し込み、その中でワンタッチパスでボールキープを行う。監督のクライフも参加していて、コーチのカルロス・レシャックも加わっていた。往年の名手であるクライフ、レシャックは自ら手本を示し、アイデアを伝えていった。

92年にトヨタカップで来日した際、国立競技場での公開練習で最初にピッチに出てきたのは、クライフらコーチングスタッフだった。監督は12月だというのに半袖に短パン、コーチ陣を相手にボールを蹴り始める。選手より先に、監督がウォーミングアップなのだ。この日の練習後、クライフ監督は「下が固く、芝も短い」と、国立のピッチ状態について話していたから、グラウンドコンディションをチェックしていたのかもしれない。ただ、パスゲームのインストラクター役でもあるから、芝生とは別にやはりアップは必要なのだろう。

バルセロナのホーム、カンプノウは試合前に大量の水を撒くことで知られている。そのほうがボールが滑ってパスが早く回るからだ。早いテンポのパスワークで相手のプレッシングを無力化し、ピッチの横幅を使って1対1のスペースを最大化する。最もスペースと時間に余裕が持てるウイングプレーヤーには強力な外国人選手を置き、そこを起点に守備の数的優位を崩し、ディフェンスをアンバランスにさせ、シュートチャンスを創出する。そのベースとなるパス回しのスキルをトレーニングで磨き上げた。

攻撃するにはボールがいる。ボールを失わず、攻め続けるには技術がいる。技術のあるプレーヤーがパスを回し続ければ、プレッシングなど何ほどのことでもない。当然、クライフ監督は技術を重視した。サッカーで技術を重視するのは当たり前のようだが、実はそうでもない。とくにこの時期は、テクニックよりも体力、ハードワークが重視されるようになった時代だった。「60年代は技術の時代だった。我々がプレーした70年代も基本的には技術だった。しかし今（80年代）は、ただ人が走るだけでノーテクニックだ」

クライフは、その「ノーテクニック」の時代に監督となっている。技術も体力も、攻撃も守備も、すべてを兼ね備えている選手ばかりならば監督は悩まなくてすむが、現実はそうではない。ある選手は技術は高くても守備がダメ、またある選手はよく走れるが攻撃力がない…「帯に短し」はどの時代でも同じに違いない。しかし、クライフが言うように70年代の後半からはプレーの速度と強度を重視するようになって、テクニックだけの選手はプレーの場を減らしていった。さらにプレッシングの概念が浸透しはじめると、ますます守備力とスタミナが重視された。なぜなら、プレッシングという戦法は1人でも決められたとおりに動かないと、上手くいかないからだ。選手は、必ずいるべき場所にいなければならない。自分の担当ゾーンに穴を空けないためには、従来以上に走る必要があったし、そこでのボールをめぐる戦いに勝利する力も要求された。

技巧的、職人的なウイングが最初にリストラ対象になったことはすでに記したが、次に〝居場所〟をなくしたのは背番号10の選手たちだった。80年代は、マラドーナ、プラティニ、ジーコなど、ナンバー10が最も輝いた時代で、ウイングに代わる花形ポジションとなっていたが、それもプレッシングが常態化する90年代になると、ウイング同様に徐々に排除されることになる。最も攻撃力のあるプレーヤーは、最も守備ができない。ウイングと10番、80～90年代は華のあるポジションが消滅していく時代だった。

そんな時代に、クライフは「技術があればプレッシングは無力だ」と説いた。逆にいえば、下手だからプレッシングが問題になると認識していたわけだ。そういうクライフにとって答えは簡単で、下手な選手ではなく上手い選手を使えばいいという結論になる。しかし、プレッシングという流行の戦法を成立させたければ、体力優先で〝下手な〟選手を使わなければならない。プレッシング自体は守備戦術だからボールテクニックがなくても成り立つ。ミランを模倣した多くのチームも、プレッシングを成立させることは可能だった。しかし、そうしてプレッシングはできるがテクニックのないチーム同士が対戦すると、ただ狭いエリアでボールを奪い合うだけの叩き合いになってしまった。「ノーテクニック」の状態だ。

クライフも「守備はコンパクトにしてプレッシングする」と言っているが、プレッシングをするための選手選考はしていない。攻撃したいクライフにとって、テクニックが十分でない〝下手な〟選手などお呼びでないのだ。技術のある選手を優先し、その結果としてプレッシングが十分にできなくても構わない。相手よりも多く得点するつもりなのだから。

バルセロナが〝ドリームチーム〟と呼ばれた時代、クライフ監督はリーグ4連覇を成し遂げ、チャンピオンズカップでも優勝と準優勝という素晴らしい成績を残している。しかし、国内リーグでも余裕を持って優勝したのは1回だけで、あとはいずれも終盤までもつれる際どい展開だった。夢のチームと呼ばれるほどの強烈な印象を残しながら、数字のうえでは2位のチームとほとんど差のない戦いをしていたわけだ。

そもそもサッカーは守備側に有利なスポーツである。バスケットボールのような高確率で得点にならない。攻撃力の差がそのまま得点差になりにくいのだ。一方、攻撃に傾けば守備には隙ができる。バルセロナは圧倒的に攻めるけれども、相手にも攻められるチームだった。その点は、「敵陣のカテナチオ」で相手のカウンターアタックすら許さないミランとは、プレー哲学に大きな違いがあった。

また、ドリームチームと呼ばれたわりには、地味なメンバーに見えないだろうか。最も華やかだった時代は、ロマーリオ、ストイチコフ、ラウドルップ、クーマンが大物外国人選手として在籍していたが、出場できるのはこのうち3人だけだった。あとは、すべてスペイン人。当時は、まだボスマンの問題が起こっておらず、従って自国以外の選手はすべて外国人扱いになっている。ボスマン判決以後のチーム、例えば〝ギャラクティコ〟といわれたジダン、フィーゴ、ロナウドらを並べたレアル・マドリードや、ときにはスタメンに自国選手が1人もいないアーセナル、インテルといったチームとは編成上の制約が違っていた。

しかし、それでもドリームチームのプレーはいま見ても十分に魅力的である。攻撃すること、プレーを楽しむこと、美しいフットボールをすること。隙のないチームとはいえず、完璧でもない、けれども「志の高い」チームだった。完璧な選手ばかりでない以上、攻撃すれば攻撃される。

しかし、相手に何もさせないようにすれば、自分たちも大したことはできない。極端にいえば、どちらを選ぶかなのだ。

「1－0よりも3－2のほうがずっといい」

ヨハン・クライフの答えは決まっていた。バルセロナは、たんに強かったからドリームチームだったのではない。いわばトータルフットボールの、最も肝心な部分をしっかりつかんで離さなかったから、「夢のチーム」になれたのではないだろうか。

Chapter 5

アルゼンチンとマラドーナ

Argentina and Maradona

メノッティの快挙

74年のオランダに始まったトータルフットボールの流れは、80年代末にミランとバルセロナによって継承された。さらにヨーロッパは90年代に戦術的に変遷が続くのだが、ここでは時計の針を戻してアルゼンチンについて触れてみたい。すでにブラジルについては"Chapter 3"で記したが、南米のもう一方の雄であるアルゼンチンをスルーするわけにもいかない。

南米でブラジルと並ぶ2大勢力のアルゼンチンは、むしろブラジルよりも早い段階から世界の強豪であった。ところが、ワールドカップではなかなか勝てず、初優勝したのは自国開催の78年大会まで待たなければならなかった。

「サッカーが進化するのではなく、サッカーをする人が進化するのだ」

78年、アルゼンチンを初優勝させたセサル・ルイス・メノッティ監督の言葉だ。

36歳の若さで代表監督に抜擢されたメノッティはリベラルな思想の持ち主といわれ、にもかかわらず軍事政権下のチームを率いて、ホームでワールドカップを戦う任務を果たした。その経緯は、1つの人間ドラマとして興味深い。

戦術的には、アルゼンチンサッカーのイメージを一新するような、攻撃的でスピーディーかつテクニカルなプレーを披露して喝采を浴びている。だが、もともとアルゼンチンは技術に優れ、スピードとキレを擁した世界の強豪で、メノッティは本来のアルゼンチンサッカーを復活させたともいえる。この時期のアルゼンチンにはラフなイメージがつきまとっていたのだが、それもフェアプレーを徹底させることでイメージを変えた。78年は従来のネガティブなイメージを払拭した大会だった。

１９３０年に第1回ワールドカップがウルグアイで開催されたとき、優勝候補はウルグアイとアルゼンチンだった。ちなみに、この2年前にオランダのアムステルダムで開催されたオリンピックはウルグアイ対アルゼンチンの決勝だった。下馬評どおり、両者はワールドカップの決勝でも当たり、開催国のウルグアイが勝利している。ブラジルはまだ南米の第三勢力でアルゼンチン、ウルグアイの後塵を拝していた。

第2回大会がイタリアで開催されると、アルゼンチンはトップクラスの選手を送らなかった。第1回大会のときの主力選手数人がイタリアに引き抜かれ、イタリア代表としてプレーするという事態になっていたからだ。選手の引き抜きを心配して、トップチームを派遣しなかったのである。中心選手のモンティとオルシはともにユベントスと契約、スーツケースが札束でいっぱいになるほどの契約金だったという。イタリアは帰化選手の活躍もあって第2回大会で優勝した。

もう、このあたりからアルゼンチンとワールドカップは縁がなかったのかもしれない。第二次世界大戦の足音が聞こえていた第3回フランス大会では、ついに参加を見送っている。南米選手権では優勝していたのだが、やはり選手の引き抜きを警戒したためだった。その後、開催されるはずの2大会は戦争のために中止された。もし開催されていたら優勝はアルゼンチンだったろうといわれている。

国内ではリーベル・プレートが黄金時代を迎え、強力なアタックラインは〝ラ・マキナ〟（ゴールマシーン）と呼ばれて対戦相手から恐れられていた。のちにレアル・マドリードでヨーロッパのスーパースターになるアルフレッド・ディステファノもこのマキナの一角を占めている。ディステファノといえば、50年代では世界最高クラスの選手であり、クライフやベッケンバウアーなど多くの選手たちが憧れたサッカー史上の大スターなのだが、当時のリーベルではマキナの末席という立場だった。ペデルネーラ、ロッシといった偉大なマエストロに懸命についていく有望な若手だったのである。

おそらく世界最強だった時期にワールドカップが開催されなかったのは、アルゼンチンにとって不運だった。その後もユベントスで活躍し、バロンドールを受賞したオマール・シボリを筆頭に幾多の名手を輩出しながら、チーム編成に問題があってワールドカップではこれといった成果を挙げられず。66年イングランド大会では、無冠の強豪国から野蛮な〝アニマル〟へと評価を地に落としてしまう。

準々決勝でイングランドと対戦したアルゼンチンは、久々に充実したメンバーを揃えていた。この大会に優勝するイングランドと比べても、明らかに優勢だったのだ。ところが、アントニオ・ラティンの退場で10人となり、0－1で敗れてしまった。開催国イングランド寄りの判定に苛立ったラティンは審判に抗議を繰り返し、ついに退場を宣告されてしまう。さらに、ラティンはピッチに居残って抗議を続け、一時試合が中断されてしまうありさまだった。ことの真相は、ドイツ人のクライトライン主審の言語を解さなかったせいだといわれている。ラティンは自分が退場になったことを理解していなかった。この騒動がきっかけで、次のメキシコ大会からイエローカード、レッドカードが採用されるのだが、ラティンの行動は英国のファンから激しく非難された。アルゼンチンは粗暴でルールをわきまえず、〝アニマル〟だと。

68年、インターコンチネンタルカップでエスツディアンテスがマンチェスター・ユナイテッドと対戦した。2年前のワールドカップの遺恨を晴らすべく、ラフプレーを駆使して優勝。翌69年にも南米代表となったエスツディアンテスは、ACミランに対しても同様の暴行を繰り返し、ピッチで治療中の選手の背中を蹴るなど、目に余る行為があった。あまりの酷さにアルゼンチン大統領が介入、2人のエスツディアンテス選手を刑務所にぶち込み、1人は永久追放の処分が下されている（のちに法廷闘争を経て復帰）。

結局、インターコンチネンタルカップは南米側のラフプレーに嫌気がさした欧州側が対戦を拒否するようになり、75年と78年が中止。中立国（日本）での開催（トヨタカップ）によって大会存続の危機を乗り越えることになる。この間、南米側の代表はほとんどアルゼンチンのクラブチームだった。67年ラシン、エスツディアンテス（68、69、70年）、インディペンディエンテ（72、73、74年）、ボカ・ジュニアーズ（77年）。ヨーロッパにとって、アルゼンチンがラフプレーの代名詞になってしまったのは、インターコンチネンタルカップでの所業も大きな影響を与えている。

そんなネガティブなイメージを一新したのが、78年ワールドカップで優勝したアルゼンチン代表チームだったのだ。

アルゼンチンのサッカーには2つの顔がある。1つはヨーロッパ的な組織力やコンタクトプレーの激しさだ。ブラジルは砂浜のサッカー、アルゼンチンは牧草のサッカーといわれる。ビーチで遊ぶブラジル人は浮き球の扱いが巧妙で、一方、ボールが転がらない深い牧草でプレーするアルゼンチンはコンタクトプレーを厭わないと。この闘争的なスタイルのチームとしては、エスツディアンテスが挙げられる。もう1つは、テクニカルでスピーディーな技巧派としての顔だ。メノッティ監督は、後者のテクニカルなスタイルを前面に押し出したチームで優勝した。

すでにアルゼンチンはヨーロッパへの選手輸出国で、74年大会のエースだったアジャラなど多くの選手が〝欧州組〟となっていたが、メノッティは欧州組を招集せず、国内の選手だけでチーム作りを進めている。オズワルド・アルディレス、ダニエル・ベルトーニ、ダニエル・パサレラなど、メノッティが発掘して育てた名選手たちも当初は国際的にはもちろん、国内でもそれほど名の知られていない選手だった。ブエノスアイレスだけでなく、地方のクラブからも選抜した点も注目される。

メノッティの選考基準は「テクニックとインテリジェンス」。フォーメーションは4－3－3、両サイドにベルトーニやオウセマンといった突破力のあるウイングプレーヤーを置き、素早いシヨートパスと鋭いドリブルを組み合わせた攻撃的なプレーを展開した。中盤の底に守備的なガジェゴを起用したが、その前方にアルディレスとマリオ・ケンペスという極めて攻撃型の布陣である。唯一、欧州組から招集したケンペスは大会得点王になる大活躍をみせるのだが、彼を筆頭にベルトーニ、アルディレス、オルティス、オウセマン、ビジャなどが果敢なドリブルで密集に突っ込み、錐で穴を開けるような迫力のあるアタックに特徴があった。

この大会の4年前、74年にオランダが示したような革新性はアルゼンチンにはない。ただ、メノッティのサッカーでカギを握っていたウイングプレーヤーの稼働範囲の広さは戦術的な変化といえるかもしれない。ベルトーニ、オルティスなどのウイングは、守備のときにも前線からボールを追い、深く引いてDFを助ける動きも行っている。これはメノッティの指導の成果だったのと同時に、開催国としての責任感、チームへの献身の表れでもあった。よく似ているのが04年にユーロを開催したポルトガルで、ルイス・フィーゴ、クリスチャーノ・ロナウドといった技巧派のウイングプレーヤーが献身的な守備をみせている。

ドリブルを得意とする彼らは、当然1対1になると突破を仕掛けていく。だが、もし失敗すれば、ボールを奪った相手はフリーになって攻め込んでくるだろう。つまり、いつ何時でも1対1の勝負を仕掛けるのはリスクがある。けれども、ウイングのドリブルを規制してしまうのも意味がない。その葛藤で、開幕前までのポルトガルには少し中途半端なところがあった。だが、開幕戦でギリシャに負けた後は開き直って1対1の勝負を仕掛け続けている。当然、リスクも増大するのだが、そこはウイングがボールを奪われたら責任を持って奪い返すことを徹底した。要は、頑張り倒すという方法でリスクを埋めたのだ。78年のアルゼンチンも全選手に気迫が満ち、ウイングは自らの運動量を担保にして、1対1勝負を仕掛けていった。

初優勝の快挙を成し遂げたメノッティ監督は、優勝メンバーにディエゴ・マラドーナを加えた豪華な陣容で82年スペイン大会に臨む。しかし、すでに世界のスターになっていたマラドーナは徹底的にマークされ、アルゼンチンはイタリアとブラジルに連敗して2次リーグで敗退した。

メノッティ派VSビラルド派

メノッティの次の監督はカルロス・ビラルドであった。ビラルドは元エスツディアンテスの選手で、監督も務めている。医師の免許も持つインテリで理論家の監督だったが、そのスタイルは前任者のメノッティとは対極の現実主義で守備的なものだった。アルゼンチン人のいうところの〝ヨーロッパ的な〟監督だ。規律を要求し、勝つためにはファウルも辞さない。エスツディアンテスの伝統を踏襲したビラルドもまた、アルゼンチンサッカーの遺伝子の一方を受け継いでいたといえる。ビラルド監督には批判が絶えなかったが、86年メキシコワールドカップで2度目の優勝をもたらす。次の90年イタリア大会でも準優勝しており、メノッティ以上の戦績を残した。

メノッティ派とビラルド派。対極の、だが昔からアルゼンチンが持っている2つの特徴のどちらをとるか。アルゼンチンのメディアは、世界王者に導いた2人の偉大な監督を比較し続けることになる。

ビラルドにとって幸運だったのは、ディエゴ・マラドーナを得たことだ。

マラドーナはメノッティ監督下の82年スペインワールドカップでもプレーしていたが、21歳のマラドーナは各国から集中的なマークを受け、2次リーグで〝黄金のカルテット〟を擁するブラジルと、この大会に優勝するイタリアに敗れて姿を消した。4年後、キャリアのピークにあったマラドーナはキャプテンとしてチームを牽引し、その圧倒的な技量で世界チャンピオンの座を手にする。マラドーナの、マラドーナによる、マラドーナのための大会だった。

マラドーナがいなければ、ビラルドのチームは成り立たなかっただろう。優勝した86年当時でも、大会が始まるまでは「史上最弱」とこき下ろされていたぐらいなのだ。マラドーナ以外にも、バルダーノやブルチャガといった好選手はいたものの、彼らは地味なバイプレーヤーにすぎない。攻撃面に関しては、〝戦術はマラドーナ〟だった。伝統の4バックを捨て、2人のストッパーの背後にスイーパーを配する守備重視の布陣を敷き、運動量と守備力のある選手たちでメンバーを固めている。守備型のチーム作りを得意とするビラルドと、攻撃のスーパーウエポンだったマラドーナの合作だった。

94年アメリカワールドカップの指揮を執ったアルフィオ・バシーレ監督は、メノッティ派といっていいだろう。ウラカンでの選手時代の監督がメノッティだ。マラドーナ、バティストゥータ、カニージャ、バルボを前線に並べ、ボランチにも技巧派のレドンドを起用。バシーレのチームは豪華絢爛だったが、マラドーナが大会中のドーピング検査に引っかかって出場停止となり、ベスト16どまりだった。

98年のダニエル・パサレラ監督はメノッティの薫陶を受け、ビラルドの下でもプレーした名リベロだったが、両者の中間的な位置づけになる。ベロンを軸とした好チームだったが、準々決勝でオランダに敗れた。02年のマルセロ・ビエルサ監督も折衷型。ビエルサはアヤックスをモデルとして攻撃的な3－4－3システムを採用したが、組織重視の考え方はビラルド的である。ただ、彼を監督に推薦したホセ・ペケルマンは典型的なメノッティ派なのだ。ユース年代の監督として大成功を収めたペケルマンは、ビエルサの退任後に代表監督に就任、06年ドイツ大会の指揮を執っている。

マラドーナとエンガチェ

「サッカーが進化するのではなく、サッカーをする人が進化するのだ」

メノッティの言葉は、アルゼンチンサッカーの核心をついているかもしれない。ディエゴ・マラドーナ出現の後、アルゼンチンはマラドーナの後継者を探し続けるのだ。

もちろん、不世出のマラドーナに匹敵する存在が現れないことは誰もが理解しているが、マラドーナ的な選手が求められている。

95年のワールドユース（現在のU－20ワールドカップ）での優勝を皮切りに97、01、05、07年と、アルゼンチンはここ7大会で5回も優勝している。その間、リケルメ、アイマール、ダレッサンドロ、メッシなど、次々とマラドーナ的なアタッカーを輩出した。

注目されるのは必ず背番号10のポジションを確保してきたことだ。〝エンガチェ〟と呼ばれる、いわゆるトップ下のポジションである。アルゼンチンのサッカーは、エンガチェの善し悪しで決まるといってもいい。年代によっては、それほど優れたエンガチェがいない場合もあるが、それでも誰かがこのポジションに当てはめられてきた。ワールドユースに関していえば、よいエンガチェがいれば圧勝、いなくても辛勝という印象である。

ちなみに、U－20の圧倒的な戦績に比べると、1つ下のカテゴリーであるU－17は全くふるわない。一度も優勝したことがないのだ。ライバルのブラジルはどちらのカテゴリーでも強いのに、アルゼンチンはU－20だけが強い。17歳から19歳までの間で、何かが起こっているのだ。

この3年間で、多くの選手がプロデビューする。素材としてはブラジルやアフリカ諸国に劣っていても、プロとして経験を積んで大きく成長するのがアルゼンチン選手の特徴といえるだろう。アルゼンチンの国内リーグはフィジカルコンタクトも激しく、試合の駆け引きも巧妙である。その中でもまれるうちに、勝負強さを身に着けていく。

例えば、05年大会に優勝したときのアルゼンチンには強力なエンガチェがいない。メッシはいたが、彼はFWとしてプレーしている。しかし、強力なエンガチェがいなくても、この年代とは思えぬほどの落ち着き、粘り強さ、勝負強さを発揮して、個人技で上回るナイジェリアを下して優勝している。

この決勝ではナイジェリアが押し気味に試合を進め、アルゼンチンはキープ力のあるナイジェリアからなかなかボールを奪えずに自陣に押し込まれていた。しかし、ナイジェリアはアタッキング・サードまではボールを運べるのだが、そこからが崩せない。強引に突っ込んで引っかかったり、スルーパスを狙ってオフサイドになったり。ぎりぎりのところで落ち着きが足りなかった。対照的に、ボールを支配されて押し込まれながらも、アルゼンチンは実に落ち着き払って対応していた。ナイジェリア人のリーチを駆使したボールキープや競り合いの強さ、スピードに、中盤を支配されたとみるや、カウンターで乗り切ればいいと割り切って守りを固めている。

この年代だと、相手の技量に圧倒されるとパニックに陥ってしまうこともあるが、アルゼンチンは実に落ち着いていて、自ら墓穴を掘るようなことがない。よく「自分たちのサッカーをしよう」と言うが、アルゼンチンの若い選手たちは「自分たちのサッカー」ができないときにも勝つ術を知っているようだ。

これも余談だが、06年ワールドカップのときにアジャラに注目して試合を見たことがある。コートジボワール戦でドログバを抑えきった守備力の秘密は何なのか、不思議に思ったからだ。177センチ、75キロのロベルト・アジャラは、センターバックとしては小柄といっていい。一方のドログバは189センチ、95キロで身体能力についてはここで記すまでもないだろう。しかし、空中戦でも地上戦でも、アジャラはドログバと互角に渡り合っていた。

メキシコ戦、相手のメキシコにも長身のFWがいた。身長差のある相手に、アジャラはどんな駆け引きを使っているのか、そこに注目した。ところが、とくに何かをしていたわけではなかった。腕を絡めたり、体をぶつけたり、それなりの駆け引きはしていたが、それぐらいはどのセンターバックもやっている。アジャラに特有の何かは発見できなかった。ただ、非常に落ち着いていた。身長差など全く気にしていない様子で、普通に競って勝ったり負けたりしている。身長差を埋めるために、下手に何かをやろうとして墓穴を掘る心配だけはないようだった。センターバックは〝格で守る〟ポジションともいわれる。その意味では、確かにアジャラには格があった。

U－20年代あたりから、アルゼンチンの選手は急激に大人になる。勝負の機微を知り、劣勢にも慌てないメンタルタフネスを身に着ける。プロでもまれた経験が、何とかなるという腹の据わった対応力を培うのだろう。国内リーグは選手の入れ替えが激しい。活躍した選手はヨーロッパのクラブに引き抜かれていくので、働き盛りの年齢のトップクラスは国内リーグにいない。ヨーロッパから戻ってきたベテランと、非常に若い選手たちでチームが構成される。18歳や19歳でレギュラーに抜擢されることも多く、早く大人になることを要求される。こうした若手登用のサイクルはブラジルでも同じだが、ヨーロッパやアフリカは事情が異なる。例えば、アフリカの国内リーグにはアルゼンチンのような若手を育てる環境がない。そこまでハイレベルではない。才能のある選手については、むしろアルゼンチンよりもヨーロッパへ渡るタイミングは早いぐらいで、15歳ぐらいでヨーロッパのクラブに所属する。だが、17歳や18歳でレギュラーポジションをつかむ例はそう多くない。その点、アルゼンチンは若手を実戦で育てる環境には恵まれているといえる。

さて、U－20あたりで急速に大人びてくるアルゼンチン代表だが、勝負強さだけでは勝ち抜けない。その経験差がモノをいうのはU－20の大会だからで、ワールドカップとなればプラスアルファが必要だ。そして、戦術的なポイントになるのはエンガチェの存在となる。

MFとFWの中間にいるエンガチェは、そこでパスを受けて相手選手を1人ないし2人を外して守備側の数的優位を崩し、そのまま自らフィニッシュするか決定的なパスをFWへ供給するというのが典型的な役割だ。現代のサッカーでは、このエンガチェのプレーエリアに対するプレッシャーは非常に厳しい。ここでキープし、決定的な展開へ持っていくための個人技は相当に傑出していなければならない。まさにマラドーナ的な技量を要求される。

06年ドイツワールドカップでのエンガチェは、ファンロマン・リケルメだった。ホセ・ペケルマン監督の秘蔵っ子である。

フォーメーションは4－3－1－2、2トップの背後に位置する「1」がリケルメの指定席(図10)。このリケルメの役割は、ボカ・ジュニアーズでのそれと同じである。リケルメは守備を要求されておらず、彼の背後で守るMF3人＋DF4人の計7人が守備ブロックを形成する。い

図10　2006年W杯・アルゼンチンのシステム

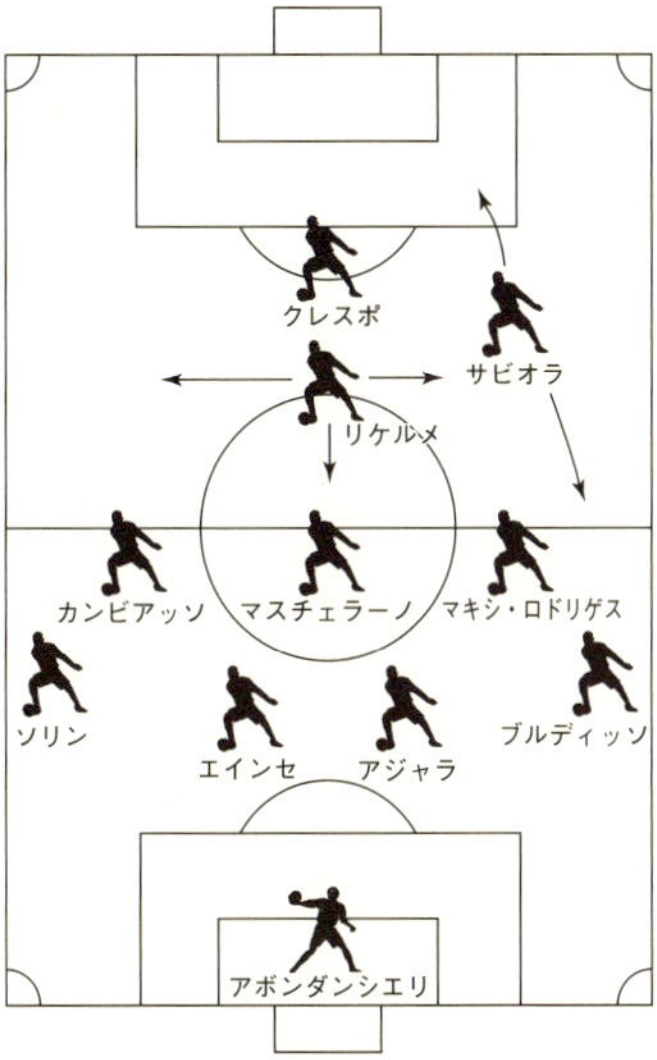

リケルメを“エンガチェ”に起用したシステム。守備時にもリケルメはあまり深く戻らず、むしろサビオラがサイドのスペースを埋める動きをしていた。相手によっては3－5－2や中盤をボックスにした4－4－2でもプレーしている

ちおうリケルメも守備はするが、ボールが守備ブロックに入ってしまえば深追いはしない。3人のMFの近くにはいるが、守るというよりも奪ったボールをすぐにパスしてもらうための位置取りだ。攻撃はリケルメを経由し、彼と2トップの3人で速攻を仕掛けるか、タメを作って味方の上がりを促すかは、リケルメのさじ加減1つに委ねられている。

リケルメの特徴は、まず圧倒的なキープ力だ。体も大きいので、プレッシャーの厳しい地域でも平然とキープできる。ほとんどの時間は〝のらりくらり〟としたプレーぶりで、近くの味方に簡単に捌いたり、プレッシャーがきつければファウルを誘ったり。セットプレー時のキックには定評があり、それも得点源になっているせいか、ファウルを誘う持ち方も上手い。だが、マークが緩んだ瞬間には決定的なパスを繰り出し、自らも強烈なミドルシュートを放つ。アルゼンチンの攻撃は、リケルメのリズムで動く。古典的、職人的なプレーメーカーだ。

すでに80年代には、1人のプレーメーカーに依存する危険性が指摘されていた。その選手を抑え込んでしまえば、チームは機能しなくなるという理屈である。では、リケルメやジダンやマラドーナがいても、使わないほうがいいのだろうか。そもそも、そういった選手を90分間何もさせないことなど可能なのだろうか。また、彼らは90分間、常に何かをしている選手たちではない。大半は、パスの出し入れに終始しているだけなのだ。そんな選手に、特定のマークを張り付かせる意味があるのか。

1つ言えるのは、06年時点でもリケルメを中心としたアルゼンチンの戦術は有効だったということだ。

アルゼンチンは準々決勝でドイツに敗れたが、スコアは1－1でＰＫ戦による決着だった。リケルメは1－0リードの72分に交代、その後にドイツの同点ゴールが決まっている。ペケルマン監督はリケルメを交代させて「逃げ切り」を狙ったのだろうが、粘るドイツに追いつかれてしまった。この試合ではさほどリケルメは目立った活躍をしていない。だが、ＣＫから1点をアシストしている。彼の役割は果たしていた。その後、リケルメ中心のチームからリケルメを抜いたペケルマン監督の交代策は思い切りがいい。90分間、1－0で決着をつけるぞという明確な意図が感じられる。ただ、ペケルマンは思い切りのよすぎる交代策がときどきあって、その度に割り切りのよさに感心するのだが、結果は裏目に出るほうが多かった。このときも裏目だった。とはいえ、リケルメがプレーしている間はアルゼンチンは負けていないし、アシストの数も大会最高だった。大会後に批判されたリケルメだが、少なくとも彼のせいで負けたというのは無理がある。

アルゼンチンがエンガチェにこだわるのは、それで勝った経験があるからだと思う。マラドーナの活躍で勝った、だからこのシステムへの信頼がある。だが、もう1つはアルゼンチンのサッカーの根っこの部分には「人」への信頼もあるように感じる。

エンガチェだけでなく、その背後で支える3人のＭＦや、それぞれのポジションが職人的なのだ。機械的にポジションを振り分けていくヨーロッパ方式と違い、人にポジションや役割を託す。例えば、イングランドではポール・ガスコインもボビー・チャールトンも中盤の中央というポジションが割り振られるだけだ。彼らのポジションとは、文字どおり位置を表している。一方、アルゼンチンには10番、5番、8番と、背番号でポジションを表す伝統があるが、ここでは位置よりも役割を表している。エンガチェの10、守備的な5、その中間的な8というプレーのイメージであって、位置そのものではない。ブラジルのボランチもそうで、ボランチは場所ではなくプレーの特徴を表している。

選手のオールラウンド化というトータルフットボールの流れからは逸れている。けれども、アルゼンチンのスペシャリストをつなぎ合わせるサッカーは〝物語〟を紡ぎやすい。守備的MFは得意のハードワークで奮闘し、エンガチェは蝶のように舞って蜂の一刺しを狙う、センターバックは格で守る。誰もが同じ仕事をするのではなく、その人の個性と能力をつないでいく。「マラドーナ」というポジションを放棄せず、アルゼンチンの人々が共有するアルゼンチンらしいサッカー、そのプレースタイルに表れる自分たちの〝ツボ〟を大切にする。人にサッカーの進歩を託する手法は、多少クラシックかもしれないが依然として有効で、何よりも〝スタイル〟がある。何もかも機械的に割り切るようなマネはせず、細部を職人の感覚に頼るのも1つの正解かもしれない。アルゼンチンのサッカーを見ていると、少しうらやましい気がするのはなぜだろうか。

Chapter 6

ジダンとアヤックスの時代

The Time of Zidane and Ajax

90年代のナショナルチーム

80年代末にミランがプレッシングを披露し、ほぼ時を同じくしてバルセロナが3－4－3システムでアタッキング・フットボールを開始した。90年代に入ると、プレッシングは次第にどのチームでも行われる一般的な戦術になっていく。一方、バルセロナ式のアタッキング・フットボールも数は少ないながら確実に影響を及ぼしていた。

88年、再びオランダ代表監督に就任したリヌス・ミケルスは、西ドイツで開催されたヨーロッパ選手権に優勝した。ルート・フリット、マルコ・ファンバステン、フランク・ライカールト、ロナルド・クーマンらを擁したチームは、準決勝で西ドイツを、決勝でソ連を破った。西ドイツの地で、14年前の借りを返した形だ。ミケルスはデンマーク開催のユーロ92でも指揮を執っている。4年前の優勝メンバーに、若手のデニス・ベルカンプらを加えて強力な布陣を敷いた。

この92年のオランダは、バルセロナ式の3－4－3システムでプレーしていた。準決勝でPK戦の末にデンマークに敗れたが、フリット、ファンバステン、ブライアン・ロイの3トップで組んだ攻撃は洗練されていて、破壊力も十分だった。何より、74年に自らが提示したトータルフットボールを違う形で表現したのはミケルス監督らしい。

74年のオランダは、ボール狩りという前進守備とそれに伴うローテーションアタックが特徴だったのだが、ミケルスは人をローテーションするのではなく、人を固定化してボールをローテーションさせる戦術に転換している。ピッチの横幅を使い、トライアングルを維持し、人と人の間にスピードのあるパスをテンポよく交換する。それによって、相手のプレッシングを解体に追い込むのは、ミケルスの教え子であるヨハン・クライフ監督がバルセロナで示した方式そのままだった。

この大会で優勝したデンマークは代替出場だった。予選でデンマークを抑えたユーゴスラビアの内戦が激化し、本大会への出場が停止されたからだ。ちなみに、この最後のユーゴスラビアの監督がイビチャ・オシムだった。

デンマークのフォーメーションは3－5－2。ユーロの2年前に行われた90年イタリアワールドカップで支配的だったフォーメーションだが、もともとオリジナルはデンマークだ。84年のヨーロッパ選手権で、ドイツ人のゼップ・ピオンテック監督の下に採用されたシステムである。相手の2トップに対して3バックで対処し、両サイドの高めの位置に攻撃的MFを起用している。〝ウイングバック〟を務めたイェスペア・オルセン、フランク・アルネセンはともにテクニシャンで攻撃力に特徴があり、3－5－2は当初かなり攻撃型のシステムだった。このころのデンマークは〝ダニッシュ・ダイナマイト〟と呼ばれていた。

ところが、この2トップ対応のシステムは次第にディフェンシブな色合いが濃くなり、92年のデンマークは、典型的なカウンターアタックのチームとなっている。3－5－2というより、5

－3－2だった。

3－5－2にも5－3－2にもなるこのシステムは、攻撃型から守備型まで幅広いプレースタイルに変化できることもあって需要が大きく、この時期に多くのチームが採用している。マンマークの守備に慣れていたチームにとっては、完全ゾーンのミラン型に比べれば、とっつきやすさもあっただろう。この3－5－2と、スウェーデンなどもともとゾーン方式だった国々の4－4－2、そしてウイングプレーヤーを復活させたオランダの3－4－3。この3つが90年代初頭の主要システムだった。

ヨーロッパと並ぶ勢力の南米では、ブラジルが3－5－2を導入していた。テレ・サンターナ監督の代表チームが82、86年のワールドカップで敗退すると、伝統の4バックではなくリベロを置いた3－5－2を採り入れている。90年はマラドーナの一撃に沈んだが、94年アメリカワールドカップでは24年ぶりの世界王者に返り咲いた。

カルロス・アルベルト・パレイラ監督、マリオ・ザガロTD（テクニカルディレクター）のタンデムによる94年のブラジルは、彼らのオリジナルとヨーロッパ流の組織サッカーの間に、ようやく折り合いをつけた形であった。基本フォーメーションは4－4－2だが、状況によって3－5－2に変化する可変的なシステムである（図11）。

戦術的にカギを握るのは2人の守備的MF、ドゥンガとマウロ・シルバだ。この2人のうちの1人がディフェンスラインへ下がり、2人のセンターバックと組めば3バックの3－5－2とな

図11　1994年W杯・ブラジルの可変システム

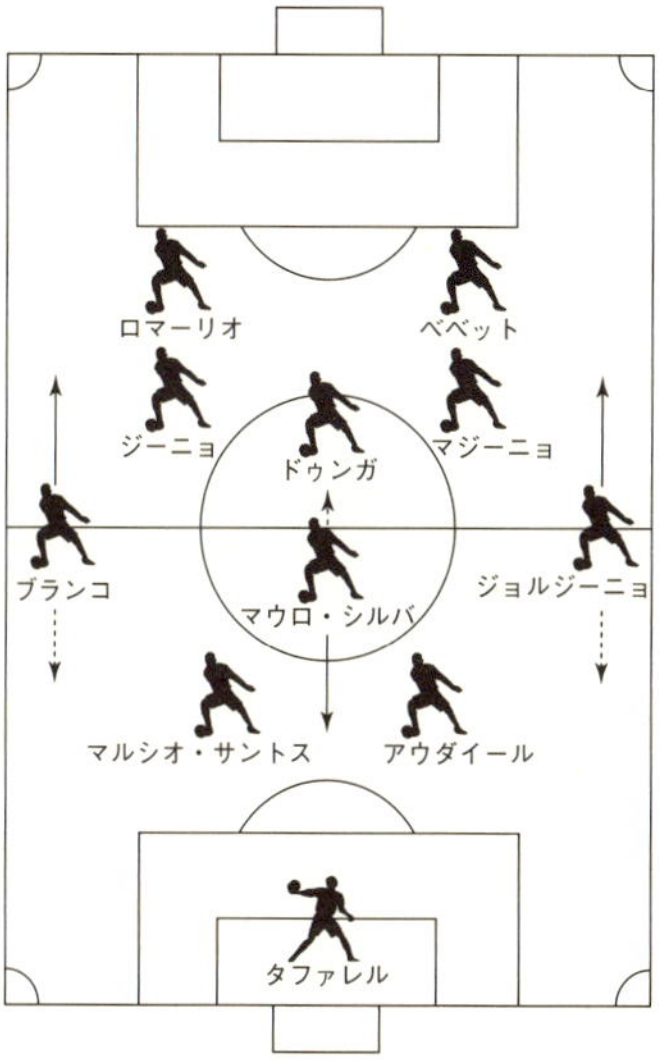

94年ワールドカップ優勝のブラジルが用いたシステム。4－4－2の状態から、ボランチが下がり、サイドバックが上がれば3－5－2に変化。逆にサイドバックが引いて、ボランチが上がれば4－4－2になる

り、ドイス・ボランチが中盤の底にいて、3－5－2のウイングバックが引けば4－4－2になる。ブラジルは決勝でPK戦の末にイタリアを下して優勝したものの、ファンの求める華がなかった。持ち前のテクニックでゲームの主導権を握ることはできていたし、可変システムの効果もあって手堅い試合運びはできるのだが、大量得点を奪うような迫力のある攻撃はできなかった。守備で隙を与えず、ボールポゼッションで主導権を握るまではできても、攻撃はロマーリオの得点力が頼りであった。カウンターのチームではないが、トータルフットボールでもない。安定感はあっても、それ以上のリスクは冒さないチームである。常に勝ちに近い位置にはいるが、勝ちきれない恐れも十分で、実際に決勝のイタリア戦は0－0に終わっている。

ブラジルのこの戦い方は、次の98年大会、さらにその次の2002年まで基本的に変わっていない。06年はパレイラには珍しく、ロナウド、ロナウジーニョ、カカー、アドリアーノといったスター選手を並べた攻撃型のチームを目指したが、逆にバランスを欠いてチームの体を成さず、フランスに敗れてベスト16どまりだった。

ただ、94～02年でのブラジルのスタイルは、ある意味で多くのチームにとって理想だったかもしれない。自分たちがプレーするか、相手にプレーさせないか。どちらかといえば後者のスタイルである。だが、ブラジルにはテクニックがあり、ボールを支配できる。ポゼッションで互角に渡り合えるのはアルゼンチン、オランダぐらい。ブラジルに高性能のプレッシングはないが、ボールを支配しているので相手にはプレーさせていないのだ。では、ボールを保持してどれほどゴールに近づけるかといえば、そこはアタッカーの個人能力次第である。

94年にはロマーリオがいて、02年はロナウド、リバウド、ロナウジーニョの3Rが試合を決めた。ボールを支配して相手にプレーさせず、1対1の強さとリベロのカバーリングによる安定した守備で失点を食い止め、傑出したアタッカーの能力で〝違いをつくる〟。力のあるチームが、安定的に勝つのに適したスタイルだった。

このブラジルが現れる4年前（90年）に優勝した西ドイツにも、全く同じことがあてはまる。さらにユーロ96で優勝したドイツもそうで、98年に初優勝したフランスも似たようなものだった。90年代に開催されたワールドカップ3大会の優勝チームは、いずれも手堅く勝利するチームであった。

ジダンの異才

98年、開催国フランスはワールドカップで初優勝した。決勝ではブラジルに3－0で完勝している。それまでブラジルはワールドカップ決勝に出て敗れたことはなく、決勝でなくても3－0などという完敗は極めて異例だった。74年大会ではオランダに0－2で敗れ、それがその後のブラジルサッカー界を迷走させるほどのトラウマになった事例があるが、98年はそれ以上のスコアである。

しかし、このときのフランスは74年のオランダに比肩する偉大なチームだったわけではなく、基本的に守備力で優勝したチームだった。リリアン・テュラム、マルセル・デサイー、ローラン・ブラン、ビセンテ・リザラズ、この4人でディフェンスラインを組んだときには、これ以前も以後も1度も負けていない。まさに鉄壁のディフェンスラインだった。ただ、フランスが守備的なチームだったかといえばそうではない。守備的ではなく、守備の強いチームだった。逆に言えば、攻撃志向なのだが、ブラジルのような傑出したFWがいないので点がとれないチームであった。

決勝でセンターフォワードを務めたステファン・ギバルシュはフランスリーグの得点王とはいえワールドクラスのストライカーではなく、98年大会では1点もとれていない。まだ20歳だったダビド・トレゼゲはスタメンではなく、クリストフ・デュガリーもテクニックはあったが得点力という点では物足りなかった。この時期のティエリ・アンリは、まだウイングプレーヤーで得点を量産するタイプではない。ファンの期待が高かったニコラ・アネルカは大会登録メンバーに選ばれなかった。

4年間かけて優勝チームを作り上げたエメ・ジャケ監督は、その間にありとあらゆるフォーメーションを試している。ユーロ96後の2年間はとくにそうで、同じメンバーとフォーメーションを45分間以上は続けないほどであった。4－4－2、3－5－2、4－3－2－1、4－2－3－1、そして4－6－0まで試していた。ちなみに、このゼロトップシステムは、FW登録のデュガリーが左サイドの高めの位置にいる変則的なもので、筆者もこれと類似の形は94年ワールドカップのメキシコのほかは記憶がない。ジャケ監督はメンバーとフォーメーションを固定してチームを熟成するという手段をとらず、常に実験の繰り返しだった。それゆえに強化の過程で強くなっている実感が得られず、ファン、メディアの批判は止むことがなかった。

ただ、チームの骨格はすでに決まっていた。鉄壁の4バック、守備的MFにキャプテンのディディエ・デシャン、攻撃のクリエイティブ部門を担当するユリ・ジョルカエフとジネディヌ・ジダン、GKファビアン・バルテーズ。この8人は確定で、残りの3人プラスアルファの見極めに2年を費やしたといっていいだろう。本大会までの2年間、唯一の公式戦だったトゥルノワ・ドゥ・フランス（プレワールドカップ）ではブラジル、イングランド、イタリアと対戦して、どのチームとも互角以上のゲームができる力を示している。ただ、決定力のあるストライカーがいないために、どんな強豪国とも互角のゲームができる一方で、格下にも足下をすくわれる危険を残していた。毎試合、フォーメーションと選手の組み合わせを変えていたのは、結局のところ得点源を模索していたのだ。

最終的に、本大会では4－3－2－1と4－2－3－1、2つのフォーメーションを使い分けている。大雑把にいえば4－3－2－1は守備型で、1トップの下にジダンとジョルカエフを配置し、3人の強力なボランチ（デシャン、プティ、カレンブー）と鉄壁の4バックで相手に何もさせない堅陣を敷いた。4－2－3－1のほうは、1トップ下の中央にジダン、左右にジョルカエフと若いアンリを起用。ボランチは2枚、4バックは変わらず。ボランチを1人外し、そのかわりにアンリを入れているから〝クリスマス・ツリー〟の4－3－2－1よりは攻撃型であった。

いずれにしても、攻撃のキープレーヤーはジダンである。

20世紀末から21世紀の初頭、この時代のエースとなったジダンは実に不思議な選手だ。彼は、クライフ監督のバルセロナがチームとしてやったことを、ほぼ1人で成し遂げていた点で希有な存在だったといえる。

ジダンにボールを預けておけば、まずとられる心配はない。相手はジダンにプレッシャーをかけるが、ボールを奪いとるのは至難の業だった。複数で囲み、ジダンの周囲にあるスペースを消滅させても、なおかつボールを奪回できない。マルセイユのストリート・フットボーラーは、少年時代の路地裏サッカーそのままのボールキープを見せつけ、短いパスを味方に渡す。ただこれだけで、相手のプレッシング戦法を空転させた。ジダンにプレッシャーをかければかけるほど、プレッシングは崩壊しやすくなる。このパラドックスは、バルセロナの場合と同じなのだ。

ブラジルとの決勝で2ゴールしたように、ジダンはよく重要な試合でゴールを決めた。しかし、コンスタントに得点するタイプでもなくストライカーではない。では、プレーメーカーなのかというと、それも少し違う。タイプとしてはそうなのだが、ジダンよりも組み立てやパスの精度に秀でたMFはほかにもいた。ジダンの特徴は、何といっても圧倒的なキープ力で、1タッチしか許されないような場所で2タッチ、3タッチが可能だったというところにある。つまり、プレッシング戦法の常識が通用しない選手なのだ。

プレッシングを機能させるには、チーム全体の正確なポジショニング、的確な移動といった高度な組織力が要求される。機械的な動きが前提になる戦術だけに、常識外の事態に対応しにくい側面があった。追い込んだはずが追い込まれておらず、困っているはずが全く困っていない。陣形をコンパクトにしてジダンを包囲してもボールは奪えず、その間に陣形がコンパクトになっているぶん、ディフェンスラインの裏と逆サイドにはどんどんスペースが広がってしまうのだ。

本来は、ボールホルダーに余裕がないから、裏と逆のスペースへボールは出ていかない。デッド・スペースになっている。ところが、ジダンはプレッシャーをかわし、複数の相手を引きつけながら、そのデッド・スペースをつくパスを出す。あるいは、簡単に隣の味方にボールを渡しただけでも、相手はジダンに引きつけられているのでプレッシャーをかけきれず、そのとき守備陣形は大きな穴の空いた不安定な状態になっている。ジダンにボールが入るだけで、守備の扉にかけられた鍵がカシャ、カシャと少しずつ外れていくような気がした。

ジダンの少し後に現れる、アルゼンチンのファンロマン・リケルメも同じタイプだ。この2人は育った境遇や進化の過程など共通点が多いのだが、見逃せないのがその体格である。ジダンは185センチ、80キロ、リケルメは182センチ、75キロ。Jリーグならばセンターバックに起用したくなるぐらいの堂々たる体格だ。プレッシングが普及したゲームでは、中盤のプレーメーカーといえどもコンタクトプレーは避けられなくなった。ワンタッチプレーに徹すれば、ある程度は身体接触を避けることもできるが、それでは他の選手と同じになってしまう。ジダンとリケルメが現代サッカーの例外になりえたのは、1タッチしか許されない状況でも平然と2タッチ、3タッチ、4タッチのプレーができたからで、その間に避けられないコンタクトプレーに強かったことにある。

フランスはここぞという試合、98年大会ならブラジルとの決勝で〝クリスマス・ツリー〟と呼ばれる4－3－2－1を使っている（図12）。前線から自陣にかけて、1人ずつ人数が増えていくこのフォーメーションは、守備面でいえば最も手堅い。反面、攻撃はやりにくい。ボールを奪ったとき、前方へのパスコースが少ないからだ。トップ下であるジダン、ジョルカエフがタッチライン方向へ開くまでは、1トップしか前線に預けどころがない。また、前にボールが入っても、そのまま速攻にならなければ、後方からの押し上げが必要になる。

リケルメを軸にチームを編成していたボカ・ジュニアーズや、06年ワールドカップのアルゼンチンが採用した4－3－1－2でも同じことがいえる。前線に2トップが残っているので、カウンターはクリスマスツリー型よりもやりやすいが、実際にはFWの1人が下がっていることが多く、やはり後方支援が必要であった。前線近くに3人のアタッカーがいるという点では3トップと同じなのだが、オランダやバルセロナのようなウイングプレーヤーがサイドに張っている形ではないので、攻撃の方向に広がりがない。ビルドアップのしにくさという点では、4－3－2－

図12　1998年W杯・フランスのシステム“クリスマス・ツリー”

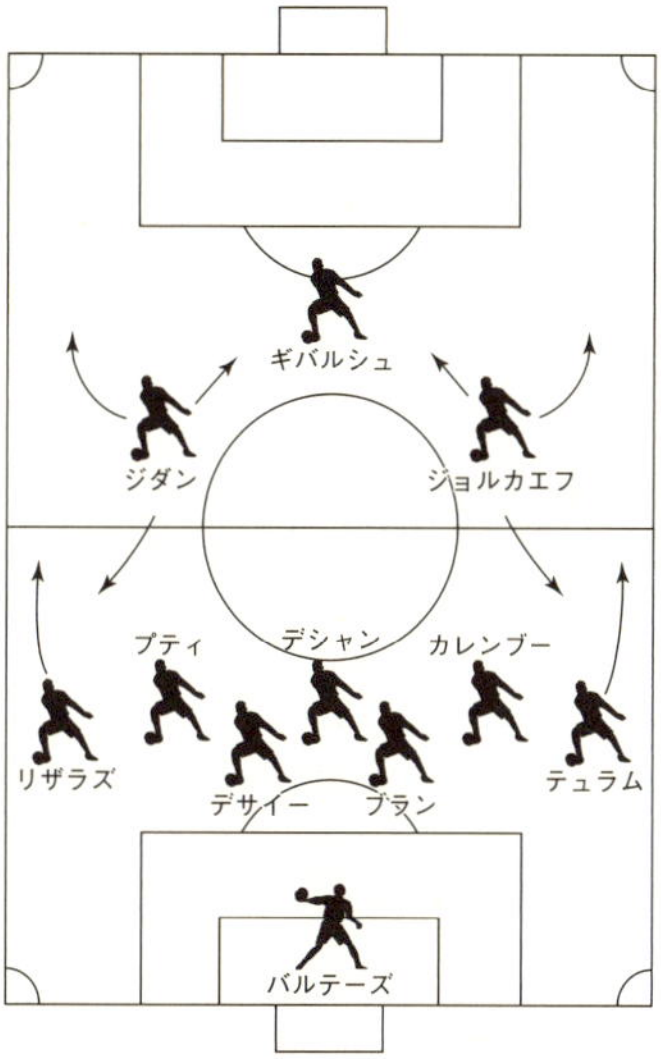

98年ワールドカップでフランスが用いたシステム。守備は手堅いが、攻撃時にはパスのアングルに広がりがないために“2シャドー”にキープ力がないと難しい形でもある

1も4－3－1－2も構造上は似ている。ただし、ジダンやリケルメがいれば話は違ってくるのだ。

一般的に、攻撃はFWにボールが入った瞬間にスイッチが入る。いちばん前にいる選手の足下へボールが収まったとき、その選手より後ろにいる味方へのマークはすべて外れるからだ。相手選手は全員がボールを見る。その瞬間に動けば、簡単に相手のマークを外すことができる。ジダンとリケルメは、FWよりも1つ手前のエリアで同じことができた。

左サイドでジダンがキープしたとき、左サイドバックのリザラズがジダンを追い越して前へ出て行くのは、フランス代表の有効な攻撃パターンだった。ジロンダン・ボルドーでチームメートだった2人には〝あうん〟の呼吸があったわけだが、相手選手を2人引きつけるジダンのキープ力が大きな効果を生み出していた。ジダンのキープ力がなければ、おそらくフランスの4－3－2－1は手詰まりになっていたと思う。押し上げに必要な時間をジダンが作れたことが大きい。同じことがリケルメにもいえる。

ジダン同様、リケルメも左寄りでボールを受けるのが得意だ。2人とも右利きなので、左半身で敵を抑えてキープする形に安定感がある。この形になると右足を自由に使えるし、ピッチの内側を向いているので全体を視野に収めることができる。ジダンの場合はリザラズのオーバーラップを使うケースが多かったが、リケルメは逆サイドへのサイドチェンジを多用する。これは、いわば〝横のクサビ〟ともいえる効果を生み出す。

例えば、左のリケルメから、逆サイドの右サイドバックにピッチを横断するサイドチェンジが通る。フリーならば、こうしたサイドチェンジはよく行われるが、リケルメはマークされている状態からでもサイドチェンジへ持っていけるので、相手守備を全体的に左へ引きつけた状態からサイドを変えてしまうことができる。そうしたケースでは、いったんリケルメのいる方向へスウェーした相手選手たちは、サイドチェンジによる新たな展開へ対応して走る方向を変えなければならない。このとき、相手選手はボールウォッチャーになりやすい。実際には相手とボールの両方を視野へ収められる位置にいるのだが、動きなおしながら、ピッチを横断していくボールを目で追いかけつつのポジション修正になるので、上がってくる相手選手をつかみ損ねたり、後手を踏みやすくなるのだ。つまり、FWにクサビを入れるのと同様の効果をサイドチェンジで作ることができる。

ジダンやリケルメのように、最前線よりも1つ手前の地域でボールを確保できると、前線のFWへのパスよりも距離が短くてすむので、味方はパスをつなぎやすい。そうすると、後方からの押し上げが容易になる。もちろん、カウンターのときには彼らの突破力やラストパスの能力を使った威力のある攻撃が期待できる。

4－3－2－1、4－3－1－2という、守備は安定するが攻撃面で難しいシステムを機能させるにはジダン、リケルメのようなタレントが必要なのだ。しかし、彼らのような選手はなかなかいない。フランスは98年決勝を最後にクリスマス・ツリーと訣別、4－2－3－1を主体にして2年後のユーロに優勝した。4－3－1－2も、あまり見かけなくなっている。

ミラン4－0バルセロナ

ここで90年代のヨーロッパのクラブフットボールの動向を整理してみよう。

アリゴ・サッキ監督のミランが衝撃的な優勝を飾ったのが89年、翌年もベンフィカを破って連覇を達成した。91年、ミランは準々決勝でマルセイユに敗れてベスト8で姿を消す。ファイナルはマルセイユとレッドスター・ベオグラードの対戦となり、ＰＫ戦でレッドスターが初優勝している。

ミランを下したマルセイユは、すでに独特のプレッシング・フットボールを披露していた。エースのジャンピエール・パパンをトップに置き、右にクリス・ワドル、左にアベディ・ペレという突破力のあるウイングプレーヤーを配置していた。ミランとの準々決勝は双方コンパクトに収縮した狭いエリアでの壮烈な当たり合いとなり、その中で試合を決めたのはワドル、ペレの突破力であった。このゲームは89年のトヨタカップ、ミランvsナシオナル・メデリンとよく似ている。

89年のトヨタカップは、サッキ監督の言葉を借りれば「ミラーゲーム」だった。鏡に映したように似ている2チームの対戦である。フランシスコ・マツラナ監督に率いられたメデリンは、ミラン同様に浅いディフェンスラインと素早いプレッシングを行う組織的なチームで、ＧＫには異色のレネ・イギータがいた。双方、ディフェンスラインを極限まで高くキープし、非常に狭いエリアでプレッシャーをかけ合い、かわし合い、1本のパスで裏をとり合う展開。それまでのトヨタカップでは見たこともない、まったく異質のゲーム展開となっていた。

「こうしたゲーム展開となったとき、はじめて個人の能力に頼ることになる」

ミランはファンバステンの存在でわずかに優位だったが、試合を決めたのはファンバステンの個人技ではなくエバニの直接FKだった。個人能力とセットプレー、この2つが〝ミラーゲーム〟の行方を左右する。マラドーナを別格として棚上げし、ファンバステンにもフリットにも頼らず、「チームがスター」と言い切っていたサッキも、相手が同じ戦術をとったときの切り札は「個人能力とセットプレー」であると認めていた。

トヨタカップでは運よく〝ミラーゲーム〟をモノにしたミランも、メデリンに輪をかけたプレッシングのマルセイユとのゲームでは、ワドルとペレの個人能力に屈したのである。

そのマルセイユを破ったレッドスターは、デヤン・サビチェビッチやロベルト・プロシネツキ、シニシャ・ミハイロビッチといったユーゴ代表の中心選手を揃え、計画的に強化してきた好チームだった。フォーメーションは3－5－2で、このシーズンが始まる前にワールドカップを制した西ドイツ代表と同種の戦術といっていいだろう。

92年には、クライフ監督のバルセロナがサンプドリアを破って優勝。93年は、再びマルセイユが決勝に進出し、ファビオ・カペッロ監督に引き継がれていたミランを1－0で下して初優勝した。アディダス社を買収したベルナール・タピ会長の猛烈な強化策が奏功して急速に強豪へとのし上がったマルセイユは、ついにヨーロッパの頂点に立ったわけだが、同時にこれが黄金時代の終焉になってしまった。国内リーグでの買収工作が発覚し、2部降格が決定している。

さて、戦術的に重要なのは翌94年にアテネで行われたファイナルだった。

決勝のカードはミランvsバルセロナ。80年末からヨーロッパをリードしてきた二大勢力の決戦である。ミランはサッキのチームをカペッロが引き継ぎ、このシーズンにはすでに次のサイクルに入っていた。サッキ時代の中心だったオランダ・トリオが去り、レッドスターのエースだったサビチェビッチ、マルセイユから移籍してきたマルセル・デサイーが存在感を示している。ただ、バレージを中心としたディフェンスラインは健在で、基本的な戦術も変わっていない。一方のバルセロナは、ドリームチームの絶頂期。ロマーリオを加えて爆発的な攻撃力を見せつけていた。

「技術か体力か、攻撃か守備か」

決勝を前にして、ヨハン・クライフ監督は、これが現代フットボールのチャンピオン決定戦だと宣言していた。そして、結果はクライフの思惑とは反対にミランが勝利する。しかも4－0という大差がついた。

戦術史において、プレッシングを解体したバルセロナの大敗は意外な結果に思えるかもしれない。だが、この試合でのミランの戦いぶりこそ、その後の新たな流れにつながるものであった。その意味では、「この試合がフットボールの未来を決める」という決戦を前にしたクライフの予言は、皮肉にも彼の思惑とは逆の形で現実となっている。

戦前の予想はバルセロナ有利だった。だが、カペッロ監督になってからのミランは、実はサッキ時代よりも良い成績を残している。サッキはチャンピオンズカップ連覇を成し遂げている反面、国内リーグ優勝は87－88シーズンの1回だけ。あとは3位、2位、3位とスクデットに届いていない。後任のカペッロは国内リーグで3連覇、就任2シーズンめから参戦したチャンピオンズリーグでも3回連続でファイナルへ進出している。ヨーロッパチャンピオンこそ94年の1回のみだが、総合的にはサッキ以上の成績といっていいだろう。

カペッロはサッキの戦術を継承しながら、より現実的な路線を歩んでいた。何が何でもハイラインでのプレッシングを敢行しようとした前任者に比べると、若干ディフェンスラインを下げ、ゲームのテンポも緩急をつけた。簡単にいえば、無理せずに確実に勝てるチームを作った。世の中がプレッシング戦法にも慣れてきたこともあり、カペッロがその強度を緩めたこともあって、ミランの実力はサッキ時代ほどではないと見積もられていた。それがバルセロナ優位の下馬評を呼んでいたのだが、国内リーグのデッドヒートを制した直後のバルセロナのコンディションが低下していたのはミランにとって好材料だった。

4－0というスコアから想像されるほど一方的な試合ではない。同じスコアでも、89年にミランがステアウア・ブカレストを破ったゲームとは違っている。前半は互角の展開で、いつもどおりパスを回して攻めるバルセロナに対し、統制のとれたプレッシング、早いテンポのパスからダイレクトプレーを狙うミラン、どちらも持ち味を出していた。

ミランの先制点は敵陣でのパスカットから生まれている。バルセロナのナダルがミランのロングボールをカットしてつなごうとしたボールをインタセプト、それを拾ったサビチェビッチが1人外してペナルティーエリアまで一気に突進してラストパス、マッサーロが決めている。バルセロナのパス回しに圧力をかけ続けたミランとすれば、狙いどおりの1点だったろう。2点目は、バルセロナの足が止まりかけたところで攻勢をかけ、きれいなパスワークから左サイドを深くえぐって再びマッサーロ。両チームのコンディションの差が表れたゴールだった。

後半、右サイドで相手のクリアをブロックしたサビチェビッチが、そのまま角度のない位置から意表をつくループシュートを決めて3－0。この日、大活躍のサビチェビッチのスーパープレーが出て、後半早々に試合が決まる。ここまでの展開を左右したのは、ミランのハードワークだ。ボバン、アルベルティーニ、デサイー、ドナドーニで組んだ中盤の4人は忠実にポジションをとり、果敢にプレッシャーをかけ続けた。とくにデサイーの働きは素晴らしく、攻守にわたって圧倒的な存在感を示していた。バルセロナがミランの中盤の圧力に屈したわけではないが、ストイチコフとベギリスタインの両サイドFWまで展開するのは容易ではなく、ロマーリオは前線で孤立した。

このハードワークが1つのポイントである。クライフは単純に「技術か体力か」と二分してしまったが、ミランのMF陣は十分に技術もあった。ボバン、アルベルティーニ、ドナドーニの3

人はむしろテクニシャンであり、ミラン以外のチームならば背番号10を背負ってトップ下としてプレーしても全く違和感のない選手たちだ。決勝では4－3－3のフォーメーションだったバルセロナのMF、バケーロ、アモール、グァルディオラもハードワークができるのだが、この試合ではミランが上回っていた。さらに、技術の面でもミランとバルセロナは同等だった。つまり、ピッチで繰り広げられていたのは、たんなる技術vs体力ではなくハードワークのできるテクニシャン同士の戦いだったのだ。

その中で決定的なのはデサイーの存在で、彼は技術的に傑出していないものの、ハードワーカーとして図抜けた力量を発揮した。ガーナ出身のフランス人であるデサイーのスタミナ、スピード、コンタクトの強さは黒人選手の可能性を改めて印象づけることになった。デサイーはテクニシャンではなく、明らかに「体力」の選手だが、そのスーパーハードワークが両チームの〝違い〟を生み出していた。その意味では、クライフのいう「技術vs体力」の戦いでは体力が勝利したといえる。

ハードワークと並ぶもう1つのポイントは、3－0以降のミランのプレーぶりにあった。ミランはプレッシングを行うエリアを自陣近くへ後退させたのだ。カペッロ監督になってからは、サッキ時代よりも最終ラインの位置を若干深めにとっていて、この試合でもハーフラインまで押し上げるようなプレッシングはしていない。そしてもう点をとる必要のない3点目以後は、ディフェンスラインを自陣ペナルティーエリアの外側まで後退させ、MFの4人で形成する中盤の守備ラインもその手前へ引いて守った。バルセロナはボールを支配することはできても、ミランがプレッシングを仕掛けてくるエリアへ侵入し、そこを突破することができなかった。

本来、自陣に相手を引き込むような守り方は危険も伴う。しかし、統制のとれた守備ブロックを形成できるなら、バルセロナを相手にしても失点しないことをミランは証明したわけだ。しかも、ミランは機に乗じてハイプレッシャーをかけ、中盤でパスカットしたデサイーがそのまま持ち込んでダメ押しの4点目を決めてしまった。デサイーがゴールする直前にはサビチェビッチのシュートがポストを叩いており、それを拾ったバルセロナが攻撃を始めようとした出鼻を叩いての4点目だった。この試合でのミランの優位を象徴するようなシーンであった。

ハードワーク、引いた位置でのプレッシング、そしてダイレクトプレー。その後の戦術の流れを決定する要素が、この94年のファイナルには凝縮されていた。

マイティ・アヤックス

94年にバルセロナを一蹴したミランは、翌95年にも決勝へ進出した。だが、今度はミランがノックアウトされてしまう。スコアは1－0だったが、アヤックスに力負けだった。

若きアヤックスは、ルイス・ファンハール監督に率いられて向かうところ敵なしの勢いを示していた。もし、ボスマン判決がなければ、アヤックスの黄金時代はもう2、3年は続いていたかもしれない。

プレースタイルは、クライフが残していった3-4-3を用いた攻撃的なフットボールである。ただし、アヤックスには、ドリームチームと呼ばれたバルセロナとは若干の違いがあり、それは今日の戦術にも影響を与えている。

看板の両ウイングは、右にナイジェリア人のフィニディ・ジョージ、左はマルク・オフェルマルス。ともにスピードが抜群、1対1で抜いて出るテクニックを持っている。ただ、バルセロナの両ウイングが高い位置どりだったのに比べると、中盤に引いて守備を手伝う稼働範囲の広さがあった。

さらに違うのは、センターフォワードに長身の選手を起用したことだ。パトリック・クライフェルトは188センチ、81キロ。もう1人のヌワンコ・カヌはさらに大きく197センチ、80キロ。カヌはナイジェリア人だが、オランダは長身の国でもあり、ファンバステン以降は常に長身のストライカーを輩出している。クライフェルトと同世代にはルート・ファンニステルローイ、ロイ・マカーイがいる。現在もヤン・フンテラールがこの系譜だ。フンテラールの前にアヤックスでプレーしたスウェーデン代表のズラタン・イブラヒモビッチ、エジプト人のミド（アーメド・ホッサム）も190センチを超えている。現在でも、オランダのクラブはウイングを置き、長身のセンターフォワードを起用する傾向がはっきりしている。その流れを作ったのが、アヤックスだったと思う。

もう1つ、アヤックスは〝ポリバレント〟な選手を上手く活用した。これはアヤックスに特有のやり方とはいえないが、効果的だったという点で他クラブに影響を与えている。例えば、左ウイングのオフェルマルスは元来右利きということもあり、右ウイングへスイッチできる。ロナルド・デブールはMFならどこでも、さらにセンターフォワード、右ウイングと、どこが本職かわからないほど。中盤の底に位置するライカールト、センターバックのダニー・ブリントはいつでもポジションを替えられる。ロナルド・デブールの双子の弟であるフランク・デブールは、ロナルドとは逆の左利きでポジションも守備的だったが、こちらも3バックの中央と左、中盤の底、左というマルチタレントだった。カヌ、クライフェルトはどちらもトップ下でもプレーし、トップ下のレギュラーだったヤリ・リトマネンもセンターフォワード、MFのすべてのポジションがやれた。エドガー・ダビッツ、クラレンス・セードルフも攻守にわたって幅広くプレーできた。

ファンハール監督は3－4－3を固守していたが、複数のポジションをこなす選手を数多く抱えていたことで、1回の選手交代で大幅にポジションを入れ替えることが可能だった。オールラウンドな特性を持った選手を、これほど揃えているチームは珍しい。93－94シーズンからオランダリーグに3連覇した当時の〝マイティ・アヤックス〟は、トータルな能力を備えた選手によるトータルフットボールの正統後継者だったといっていい。

トライアングルで素早くパスを回し、両サイドを深くえぐり、長身のセンターフォワードがペナルティーエリアの中でパワーを加えた。95年にヨーロッパチャンピオンになった翌年もファィナルへ進出、しかしユベントスにPK戦の末に敗れている。その翌年もアヤックスは強力だったが、ユベントスはそれ以上の強さを発揮してアヤックスを打ち砕いた。このときのユベントスにはボルドーから移籍してきたジダンがおり、彼の個人能力がアヤックスに引導を渡している。また、ユベントスの内側へ追い込んで挟み込む、いわばインサイドプレスがアヤックスに奏功した。このゲームは、アヤックスからユベントスへの盟主交代を印象づけている。

ただし、そのユベントスも決勝ではボルシア・ドルトムントに敗れ、次の98年も決勝へ進出するがレアル・マドリードに負けてしまう。90年代の半ばから後半にかけて、ミラン、アヤックス、ユベントスはそれぞれ連続してファイナルに進出しながら、連覇を成し遂げることはできなかった。10年前なら連覇も当然のチームにそれができなかったのは、この大会のレベルが上がり、実力が接近してきた証であろう。3チームのピークが微妙に重なったために、いずれも長く天下に止まることができなかった。もちろん、ボスマン判決以降の大物選手の流出や流入が拍車をかけていたのはいうまでもない。

とくに財政規模ではヨーロッパのビッグクラブとは言い難いアヤックスは、EU籍選手の自由化によって致命的な打撃を受けた。有名な育成システムで得たアドバンテージも消し飛んでしまっている。ただ、それ以外に全く問題がなかったわけではない。

ファンハール監督は組織と、それを尊重するディシプリンを強く求める監督である。そのため選手との軋轢も生じていた。ただ、それを別にしても戦術面で硬直化していったのである。

アヤックスは12個のトライアングルを形成し、その間で強いグラウンダーのパスを駆使するところに大きな特徴があった。選手のポジションは固定的で、ボールをローテーションさせる戦法は、バルセロナやミケルスがリメイクしたオランダ代表と同じだが、ファンハールのアヤックスはよりその傾向が強かった。ピッチを幅広く使いながら、足下から足下へスピードのあるパスを通していく。非常に美しく、同時に有無をいわさぬ攻撃マシーンのような印象があった。問題は、相手チームが守り慣れてくるのだ。びしびしとパスを回した後、サイドに展開すると、ピンポイントのクロスが入ってくる。それの繰り返しなのだ。攻撃のリズムが一定なので守備側は慣れてくる。速いパスの終点は、ほとんどサイドになる。慣れてきてもアヤックスのビルドアップを阻止することはできないのだが、最後の一線を死守する望みは出てくるのだ。

ファンハールはオランダ代表の監督も務め、アヤックスと同様の戦術で予選に臨みながら、02年ワールドカップ予選突破に失敗している。オランダはどの試合でも攻勢をかけ、クロスの雨を降らせたが、運にも見放されて必要な得点を挙げられなかった。精巧な機械のようなチームには〝余白〟が乏しい。ファンハールのチームには、ジダンやリケルメは不要で、使うべき場所はない。ただ、ほんの少しだけでもリズムを変えられる選手、通常の攻撃ルートやポジショニングを逸脱して相手の意表をつくプレーがあれば、おそらく事態は劇的に変わっていただろう。それがないところがファンハール監督のチームの強さでもあったが、同時に弱点でもあった。

Chapter 7

ギャラクティコ

Garactico

ミランのプレッシングで幕を開けた90年代は、クライフ監督のバルセロナ、サッキからカペッロに受け継がれた〝グランデ・ミラン〟、ファンハール監督が率いたアヤックスへと覇権が移り、マルチェロ・リッピ監督のユベントスが全盛期を迎えた後、レアル・マドリードが時のチームになった。

20世紀のレアル・マドリード

チャンピオンズリーグがチャンピオンズカップとしてスタートした56年から、5年連続で王者に居座り続けた名門中の名門。66年にも6度目の優勝。しかし、そこからは間が空いて、98年に7度目の優勝を果たしたのは実に32年ぶりだった。

FIFAが「20世紀のクラブ」として表彰したレアル・マドリードは、初期の5連覇の後も強豪であることに変わりはなく、7度目の優勝までにも3度ファイナルへコマを進めているが、その名声は50～60年代に築いたものだ。

レアル・マドリードには何度かの黄金期がある。最も強力だったのは、もちろんチャンピオンズカップ5連覇のころで、中心選手はアルゼンチン人のアルフレッド・ディステファノだった。ディステファノは今となっては伝説的な名手で、その全盛期を見ているジャーナリストの中にはペレ、マラドーナより上と断言する人もいる。後の〝ヨハン・クライフ型〟のセンターフォワードというか、クライフがディステファノのスタイルを継承したわけだが、プレーメーカーでありゴールゲッターであった。

ディステファノが来る前のレアル・マドリードも強豪ではあったが、その中の1つといった位置づけにすぎない。現在のレアル・マドリードにつながるのは、43年にサンチャゴ・ベルナベウが会長に就任してからだ。ベルナベウはディステファノを獲得し、さらにウルグアイ人DFのホセ・サンタマリア、アルゼンチン人FWエクトル・リアルなど、次々に強力な補強を行う。この補強策はとどまるところを知らず、例えば56年の第1回チャンピオンズカップのファイナルで対戦したラーンス（フランス）のエースだったレイモン・コパを引き抜いているし、ブラジルがワールドカップに優勝すればジジを獲得、ハンガリーのスーパースターだったフェレンツ・プスカスも加入させた。ポジションが被る補強も多く、ある意味で無節操なぐらいのスターコレクションである。

２０００年にフロレンティーノ・ペレスが会長となってから、フィーゴ、ジダン、ロナウド、ベッカム、オーウェンと立て続けに超大型補強を敢行し、レアル・マドリードは銀河系軍団（ギャラクティコ）と呼ばれるのだが、オールスターキャストはすでに50〜60年代の最初の黄金期からやっていたわけだ。

ディステファノを中心とした黄金時代が終わると、70年代には西ドイツのギュンター・ネッツァー、パウル・ブライトナーを擁し、スペイン代表のアマンシオ、ピリなども活躍した時代を迎えたが、この時期にはヨーロッパチャンピオンにはなっていない。そして80年代は、〝キンタ・デ・ブイトレ〟の時代である。エミリオ・ブトラゲーニョとウーゴ・サンチェスの2トップと、この2人のゴールゲッターをバックアップするのがミッチェルやベルント・シュスターという強力な布陣。ちなみにブイトレ（禿鷲）はブトラゲーニョのニックネームだ。ブトラゲーニョ、サンチェス、ミッチェル、マルティン・バスケスの編隊飛行は迫力満点で、国内リーグでは5連覇を成し遂げている。ただ、やはりこの時代にもヨーロッパの覇権は奪回できなかった。

しかし、98年に32年ぶりの王者に返り咲くと、そこからは1シーズンおきにヨーロッパチャンピオンになるのだ。かつてのノックアウト方式の時代と違い、リーグ戦が導入されてからのチャンピオンズリーグは実力伯仲し、連覇チームが出なかった。その中で、5シーズン中3回の優勝はかつての3連覇にも匹敵する快挙といえるかもしれない。

98年の中心選手はラウル、シュケル、ミヤトビッチのアタッカー陣と、中盤の底で攻守を切り盛りしたフェルナンド・レドンドである。次の00年は、ラウルとモリエンテス、そしてフランス人のニコラ・アネルカが束の間の輝きを放った。しかし、この優勝チームは戦術的に何か大きな痕跡を残したわけではない。

レアル・マドリードが大きく変化するのは、00－01シーズンでのペレス新会長就任からだった。選挙公約としていたルイス・フィーゴの獲得を果たすと、翌シーズンにはジダンを加入させてチャンピオンズリーグ9回目の優勝を達成。ジダンの次には、ロナウドと契約し、さらに03－04シーズンはデビッド・ベッカムが加入した。この大補強路線は、ベルナベウ時代の再現である。だが、ベッカムが入団して空前の人気を博した03－04シーズンこそが、終わりの始まりになった。このシーズン、レアルは久々の無冠に終わる。そして、無冠はペレス会長が退任する06年まで続くことになった。

ギャラクティコは、トータルフットボールのある面を見事に体現していた。50年代ならば、ディステファノ時代のような黄金期を形成できたかもしれない。だが、21世紀のチームとしては、あまりに戦術的なバランスを欠いていたのも事実である。フィーゴ、ジダン、ロナウド、3人のバロン・ドール受賞者が競演したギャラクティコとは、戦術的にはどんなチームだったのだろうか。

パッチワーク

バロンドール受賞者であるフィーゴをバルセロナから引き抜いた00－01シーズン、レアル・マドリードは国内リーグを制した。スティーブ・マクマナマンとフィーゴの両サイドを中心に、左サイドを縦横に走るロベルト・カルロスが絡み、ラウルとモリエンテスがフィニッシュする攻撃はバランスがよかった。しかし、01－02シーズンにはジネディヌ・ジダンを加える。この段階で、すでに屋上屋を重ねるといった感があった。

ジダンは攻撃面で大きなプラスになるが、守備面ではマイナスになる選手だ。ユベントスでは、強固な組織の上で浮遊しているような存在だった。ハードワーク向きではなく、緻密な守備組織に組み込めるタイプではない。ただ、ユベントスではチーム組織＋ジダンで上手くいっていた。しかし、レアル・マドリードにはすでにフィーゴがいた。フィーゴ単独でバランスが保たれているところに、フィーゴより守れないジダンを重ねれば、プラスも大きくなるがマイナスも大きくなる。つまり、安定感を欠いたチームになることは容易に予想できた。

しかし、レアルはこうしたスター中心システムで成功を収めた実績がある。白いジャージから、砂糖菓子の〝メレンゲ〟という愛称があるが、かつてのベルナベウ会長はポジションが重なろうがエゴがぶつかろうが、お構いなしにチームにスターをぶち込んで、ぐるぐる攪拌してメレンゲを作り上げたのだ。そのときには、ディステファノという絶対君主がいた。58年ワールドカップで大会ＭＶＰに選出されたコパは、ディステファノとプレースタイルがまる被りだった。ディステファノと共存するため、コパは右ウイングで息をついている。次にやってきたジジはディステファノと衝突、チームから干されてしまう。

最後にやって来たプスカスは最大の大物だったが、彼はディステファノとの衝突を回避して共存共栄に成功した。ハンガリー時代には、インサイドレフトとしてプレーメーカー兼ゴールゲッターだったが、レアルではゴールゲッター役に比重を移してディステファノとのバランスをとったのだ。加入したシーズン、入れれば得点王という決定的なチャンスでプスカスはディステファノにパスした。得点王のタイトルごとパスし、貸しを作ったのだ。これでディステファノとの信頼関係を築いた彼は、その後に連続で得点王になっている。現実的で楽天的なプスカスらしい処世術だった。

フィーゴ＋ジダンは、ディステファノ＋プスカスと似た構図である。リーグ連覇は逃したが、チャンピオンズリーグはジダンの決勝点でバイヤー・レバークーゼンを下して優勝しているので補強は成功だったといえるだろう。この2人こそ、ギャラクティコの〝マエストロ〟だった。守備面はともかく、攻撃では抜群にボールの収まりのいい、プレッシングの時代に絶対キープ力を発揮する選手が2人もいたのだから、そのプレースタイルは自然とゴージャス感の漂う、他とは一線を画する域に入っていった。

次のシーズンにはロナウドがやって来た。ロナウドは生粋のストライカーなので、ジダンやフィーゴとは競合しない。そのかわり割を食ったのはモリエンテスで、ラウルとの名コンビをご破算にせざるをえなくなった。このシーズンには、そろそろDFを補強したほうがいいという声も高かったのだが、「世界一のFWとDFなら、FWをとる」という方針の下、ロナウドに決まる。

フィーゴ、ジダン、ロナウド、そして以前からの中心選手だったラウル、イエロ、ロベルト・カルロス、GKカシジャス。この02－03シーズンのチームがギャラクティコのピークで、同時に戦術的なバランスという意味でぎりぎりだったと思う。

レアル・マドリードはパッチワークのチームだった。

フォーメーションは4－4－2だが、そういう表記が意味を成さないぐらい自由で、言い方を変えれば無秩序だった（図13）。ブラジル代表の〝バグンサ・オルガニザータ〟とよく似ている。GKカシジャスの前には2人のセンターバック。キャプテンのフェルナンド・イエロとイバン・エルゲラ、あるいはカンテラ出身のパボン。この2人のセンターバックは固定されている。右サイドバックはミッチェル・サルガド、彼は前方のフィーゴと組んで右サイドを制する。左サイドバックはロベルト・カルロス、左サイドをたった1人で切り盛りする破格のプレーヤーだ。このロベルト・カルロスの存在が、レアルの戦術を特殊なものにしていた。

さて、問題は中盤から前である。トップにはロナウドがいる。彼はあまり引いてこないし、行動半径も大きくない。ただ、スピードで勝負するタイプなのでペナルティーエリアの外から始動してフィニッシュへ持ち込むことが多くなる。レアルが攻撃を開始すると、ペナルティーエリアの外側で待っているのが定位置だった。フィーゴは、ほぼ右ウイング。縦に大きく動き、中にも入ってくるし左にも出た。ただ、基本的にサイドアタッカーで、右でサルガドと組んでいる。さて、ややこしいのはここからだ。

ジダンのポジションは前目の左より。極めてファジーなポジショニングである。2トップ下ともいえるし、MFの左サイドともいえる。ただ、本人にとっては中盤の左から中央へかけて自由に攻撃するのが最も自然な動き方で、ある意味でレアルのパッチワークはジダンが引き起こしたものだといっていい。サイドから中央にかけて、勝手気ままともいえるほど自由な位置どりのジ

図13　レアル・マドリード(02-03シーズン)のシステム

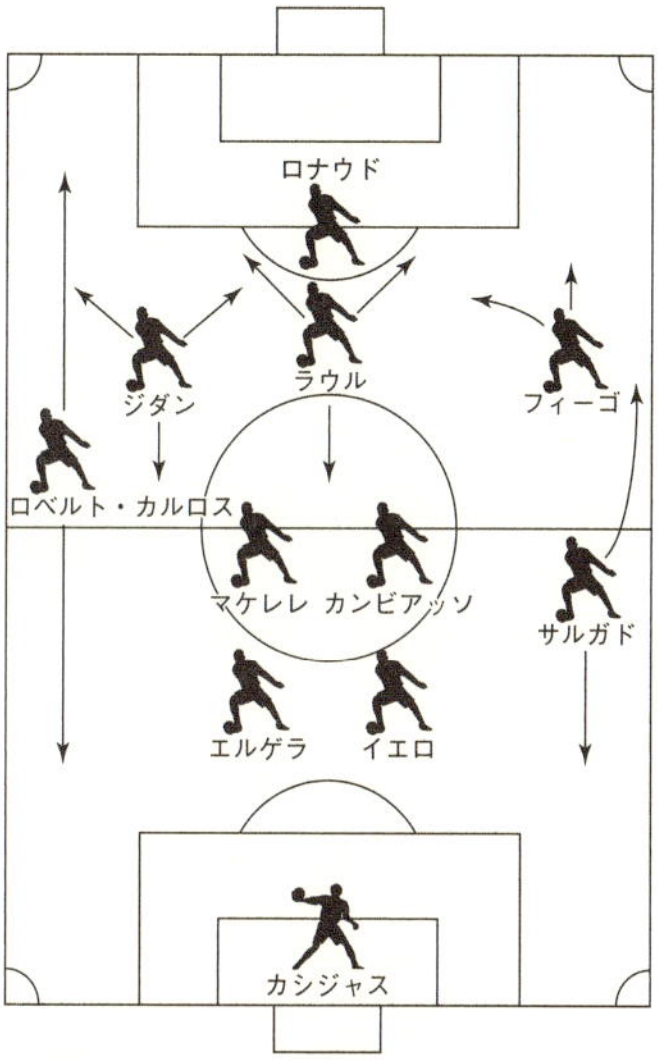

全体に攻撃的に自由なシステムだが、ジダンとロベルト・カルロスのいる左サイドはとくに独特のバランス。マケレレのカバーリング能力に依存した形になっていた

ダンによって生まれたスペースを使ったのが、主にロベルト・カルロスとラウルだった。

ジダンが中へ入ると、外側のスペースにはロベルト・カルロスが出てきて、ジダンと2人でサイドから攻め込んだ。ジダンが外へ張れば、ラウルが少し引いてビルドアップに絡んでいく。やはり左よりに構えるのが好きなロナウドと合わせて、レアルの中央から左サイドにかけては、常に4人がひしめいていた。右がフィーゴかサルガドの縦への突破というシンプルな形だったのに対して、左のパスワークは精緻を極めながら複雑怪奇といった様相である。何が出てくるかは、開けてビックリ玉手箱だ。

このシーズンのレアル・マドリードは圧巻だった。確かに強かったし、それ以上に絢爛豪華を極めていた。ただ、国内リーグは制したが、チャンピオンズリーグは準決勝でユベントスに敗れた。スコアはホーム2－1、アウエーが1－3。得点も多いが失点も多く、明らかに守備面で問題を抱えていた。攻めすぎなのだ。そもそも最初から攻守のバランスを完璧に保とうなどとは考えていない。攻め続けて、カウンターのピンチもあるかもしれないが、とにかく相手より多く得点して勝とうというコンセプト。この前時代的ともいえるロマンティックな攻撃精神は、まさしくトータルフットボールのマインドである。しかし一方で、その攻撃精神を担保する守備組織があまりにも大雑把だった。

ショートパスをつなぎながらの変幻自在の攻撃、人とボールのローテーションが、守備面でのオールラウンドを要求することはすでに記してきたとおりだ。それがない場合は、圧倒的なボールポゼッションがカギになる。レアルのケースでも、ポゼッションは生命線になっていた。ただ、ロナウドが全くといっていいほど守備をやらず、ジダンとフィーゴもあてにならない状況で、ラウルの奮闘がフォアチェックを辛うじて成立させていた。いくらポゼッションが高く、守備はカウンターケアが中心とはいえ、前がろくに守備をしないのではカウンターアタックをまともに食らってしまう。ボールを奪われたら、すかさず前線からプレッシャーをかけるぐらいはやらないと守備にならない。

レアルには、〝マドリディズモ〟と呼ばれる一種の根性主義がある。スーパースターでありながら、いつも泥だらけでハードワークをする姿から〝労働者〟と呼ばれたディステファノはその象徴で、闘うスターはこのクラブの伝統なのだ。ギャラクティコでは、ラウルとイエロがそれを体現し、ジダンやフィーゴも、常にではないが必要なときにはハードワークを厭わなかった。逆にいえば、攻め込んでボールを失った後に必須のフォアチェックは、組織戦術として成立していたのではなく、ただマドリディズモという精神力だけが頼りだったといえる。「何もしない監督」として有名になったビセンテ・デルボスケ監督は、その精神性で成り立っている攻守のバランス、というよりすでにアンバランスになっているチームのぎりぎりの際を、注意深く見つめていた。表面的には何もしていないのだが、チームを支えているのがモラルという柔らかい感情である以上、細心の注意が必要だったに違いない。ある意味、デルボスケは地雷の上を歩き続けていたようなものだ。

実質的に守備を支えていたのは、中盤底のクロード・マケレレだった。マケレレのパートナーはカンビアッソだったりエルゲラ、フラビオ・コンセイソン、グティと一定ではないが、マケレレは不可欠の選手だった。とくに左サイドは要注意で、ジダン、ロベルト・カルロスの2人とも敵陣深くへ行ってしまう。カウンターを食らえば、左MFも左サイドバックもいない無人状態である。自分のケアすべきエリアを持ちながら、こんな広大なスペースをカバーできる選手はほかにいない。スーパースターの影に隠れていたが、実はマケレレこそ最も重要な選手だったといっていい。スターが増えれば増えるほど、存在感が浮き彫りになる特殊なプレーヤーだ。

ギャラクティコがピークにあった02－03シーズン、チャンピオンズリーグを連覇できなかった理由は簡単である。ユベントスに負けた第2戦にロナウドが負傷欠場していたからではない。この試合で3点も食らったのは、マケレレがいなかったからだ。ラウルが病み上がりで、ロナウドが負傷していても、マケレレさえいれば何とかなっていただろう。つまり、スター頼みにみえたギャラクティコが本当に依存していたのは、ジダンでもロナウドでもなく、マケレレだったのだ。いびつだが個性的、華麗にして極めて創造的なパッチワーク、その隙間を埋めていた地味な選手が一番重要なワンピースであった。

偉大なノスタルジーのチーム

03－04シーズン、壮麗なギャラクティコが崩壊の時を迎える。デビッド・ベッカムが入団し、マケレレが去った。

ベッカムの獲得は規定路線である。1年に1人ずつ、世界最高クラスのスターを獲得してきたレアル・マドリードには、金の卵を産むガチョウが必要だった。巨星群を維持するだけでも、大変な出費がかさむ。ジダンが加入して5番のユニフォームが売れた、ロナウドはもっと売れた。ベッカムはさらに売れるだろう。ペレス会長が抜け目ないのは、スターたちの肖像権をクラブが手中に収めたことだ。個人の広告収入がクラブに還元されるシステムになっていた。夏にアジアツアーを行い、映画も撮った。ギャラクティコを維持するには、新しい人気者が必要だった。ベッカムはうってつけのスターで、レアルが彼を獲得しないはずがなかった。

一方で、戦力的にベッカムが必要だったわけではない。もうスターは要らなかった。そもそもベッカムはフィーゴとポジションが重なっている。それはベッカムのせいではないし、もしマケレレが残っていれば何とかやっていく方法もあったかもしれない。フットボーラーを超えたスターであり、ポップアイドルの夫でもあるベッカムだが、選手としてはジダンやフィーゴのようなボールアーティストではなく、イングランドのプレーヤーらしくハードワークができるタイプだ。

右足キックの精度は史上最高クラスだが、残りの部分は運動量が豊富で攻守に働く、けっこう地味なMFでもあった。だから、プレーヤーとしては共存の可能性を少しは残していたはずだった。

ジダン、フィーゴ、ベッカムを中盤で共存させようとするなら、誰か1人をベンチに置いてローテーションさせるのが最もよい方法だろう。3人を同時に起用するなら、ラウルとロナウドの2トップを諦めるしかない。どうしてもジダン、フィーゴ、ベッカム、ラウル、ロナウドの5人を使いたければ、ベッカムとマケレレでボランチを組むという手もあった。ただ、ベッカムに守備重視の役割をさせるのはあまり意味がない。

これはマケレレが退団した後の布陣だが、デンマーク人のトマス・グラベセンの1ボランチの前にベッカム、フィーゴ、ジダンを並べている。3人のスターの個性をパッチワークするにはこれが最も無理のない並べ方になる。だが、誰もが予想したとおり、守備面でのグラベセンの負担が大きすぎ、結局は攻守のバランスが悪すぎて攻撃面でも威力を発揮しきれなかった。

マケレレが退団したのは待遇面での不満を訴えたからだ。ベッカムなしでも超過勤務だったのに、ベッカムが入ったからもっと働けというのは過労死してくれというのに等しい。他のスター並とはいわないまでも、給料を上げてくれといいたくなるのは当然であろう。ところが、クラブ側は忠誠心欠如と受け取った。スターでもないマケレレに、レアル・マドリード以上の待遇をするクラブはないとタカを括っていたのかもしれない。だが、ロシアの石油王がオーナーになっていたチェルシーがマケレレ獲得に手を挙げ、レアルはますます不可欠となっていた重要な選手を放出してしまう。

マケレレがいなくなれば、ベッカムがそのポジションに入るしかない。マケレレ+ベッカムならまだしも、マケレレの代わりにベッカムでは仕事が違いすぎる。ジダンやフィーゴよりも守れるといっても、ベッカムはマケレレではない。ただでさえ攻撃過多のバランスが、ここから修正不能になっていったのは自明であった。

ペレス会長は、ベッカム獲得の翌年にはマイケル・オーウェンを獲得。しかし、その後は方針転換を余儀なくされた。名声が頂点に達しているスターは、すでに年齢的にはピークをすぎていることが多い。他のチームへ移籍させたとしても、獲得に要したほどの高値はつかない。ジダンやフィーゴがピークを過ぎたこともあって、自慢の攻撃力もパワーダウンしていった。そこで、レアルは成熟したスーパースターではなく、未来のスターを獲得する方針に変えている。ロビーニョ、スナイダー、ロッベン、ガーゴ、イグアインといった若い名前がリストを埋めていく流れは現在も続いている。これは、同じ世界の富豪クラブであるマンチェスター・ユナイテッドの手法と同じだ。

さて、ギャラクティコの全盛期はわずか3シーズンほどだったわけだが、その間の存在感が突出していたのも確かである。カウンターによる失点を気にもとめず、攻守のバランスの悪さも割り切っていた、悪くいえばバカにみえるぐらいスケールの大きなチームである。相手に何もさせないのではなく、攻められてもそれ以上に攻めればよしという考え方。壮麗なほどのアタッキング・フットボールで、その精神はトータルフットボールの底に流れるものを見事に受け継いでいる。

だが、ギャラクティコのレアル・マドリードが、あまりトータルフットボールのイメージを持たないのは、未来的な要素がほとんどなかったからだろう。21世紀のチームなのに、リアルタイムで見ていてもどこかノスタルジーを感じさせた。ペレス会長の大号令による王政復古というか、古き良きレアルが現代に蘇ったかのような錯覚を覚えた。ある意味、大いなる時代錯誤のチームだった。

70年代の終わりごろにレアルの左サイドバックだったガルシア・コルテスは、ギャラクティコのレアルについてこんなことを言っている。

「我々の時代と違うのは、当時は3トップだったのでサイドバックが上がることはあまりなかったし、はっきりしたリベロを置いていたのも異なる。だが、あとはほとんど同じだ」

さらに、「我々より以前も、その後の時代も同じスタイル」だと。

「スピードとショートパス、左右に揺さぶりをかける攻撃、ロングパスを多用せず、自分たちでゲームをコントロールする。歴史を通じてレアル・マドリードのスタイルは変わらないし、ファンもそれを望んでいる」

変わっていないし、変わりたくもないのだ。テクニック、ショートパス、流動的なポジション、攻撃精神といった、トータルフットボールの諸要素をすべて内包していながら、どこか伝統芸能に似た格式と同時に古くささを漂わせていたのも、このあたりに原因があるのだと思う。組織戦術やオートマティズムを排除し、プレーヤーの個性と才能の組み合わせで、それ以上のものを作る試み。ハイテクを拒否した伝統芸、それがギャラクティコだったのかもしれない。あのチームは戦術などではできないし、自信と勇気とフットボールへの過剰なまでの愛情なしには成立しない。勝敗という価値をぎりぎりで維持していたのがマドリディズモという忠誠心では、ローテクもいいところだ。だが、確かに偉大な一面も有していた。

それでも、世界の監督やコーチへの影響力という点では、ほぼゼロに近いのではないか。レアル・マドリードの財力と歴史を持ってはじめて可能なコンセプトであり、つまり真似できないチームだからだ。また、あのキラ星のようなスター選手があってこその、人優先のパッチワークも一代かぎり。模倣のしようがない。

サッカー雑誌の企画もので、古今の名選手でオールスターチームを作るというものがある。ペレ、ディステファノ、クライフ、マラドーナといった活躍した時代の違うスターを集めてしまう空想は楽しいが、それを現実にぎりぎりまで近づけたのだが、ギャラクティコと呼ばれたレアル・マドリードだったような気がする。

Chapter 8

モウリーニョの4－3－3

Mourinho's 4-3-3

ビッグマウスからカリスマへ

ジョゼ・モウリーニョがバルセロナやFCポルトで通訳をしていたのは有名な話だ。ボビー・ロブソン、ルイス・ファンハールの隣で多くのことを学んだに違いないが、それ以前にコーチのキャリアを始めるにあたって、スコットランドのコーチングスクールで学んでいた事実は興味深い。モウリーニョ自身、このスコットランドでの経験がベースになったと語っている。

スコットランドはトータルフットボールの源流だったと考えられる。これについては〝Chapter 10〟で詳述するが、トータルフットボールの流れを継承していく監督が、その源流で学んでいたのは何かの縁だろうか。では、モウリーニョが率いたFCポルト、チェルシーは戦術史上ではどのようなチームだったのか、またトータルフットボールの潮流はそこにどう受け継がれていたのだろうか。

2004年、チェルシーの監督に就任したジョゼ・モウリーニョへの評価は〝ビッグ・マウス〟だった。6月にFCポルトを率いてチャンピオンズリーグ優勝を果たし、就任会見で自らを特別な監督、〝スペシャル・ワン〟だと言い放ったからだ。彼は02年のシーズン途中にFCポルトの監督に就任した際にも、

「このチームを来年はチャンピオンにしてみせる」

そう大見得を切って、周囲の失笑を買っていた。このシーズンのポルトは稀にみる不調で、モウリーニョが就任する以前には中位にまで成績を落としていた。モウリーニョは最終的に3位にまで上昇させるのだが、ポルト、ベンフィカ、スポルティングの3強リーグであるポルトガルで、3位は十分に不調といえる状態である。ところが、翌シーズンには国内2冠を達成したばかりか、UEFAカップ優勝まで成し遂げてしまう。さらに次のシーズンでは、ついにヨーロッパの頂点に立った。

チェルシーでも同じことが起こった。就任した04－05シーズンでいきなりプレミアシップを制し、さらに翌シーズンも連覇を達成。大口叩きは、カリスマ監督としてメディアの寵児になっている。

さて、チェルシーに50年ぶりの優勝をもたらしたモウリーニョ監督の戦術だが、印象としてはトータルフットボールというよりも、むしろ典型的なカウンターアタックのチームである。だが、単純に守りを固めてカウンターという戦法ではない。

チェルシーには何人かのキープレーヤーがいる。まずGKのペトル・チェフ。彼は天才キーパーといっていい。上にも下にも強く、反応速度と勘の良さは抜群、いくつものピンチを救った。センターバックのコンビはジョン・テリーとリカルド・カルバーリョ。リカルド・カルバーリョはFCポルトから連れてきた。そしてレアル・マドリードから獲得したクロード・マケレレ、マルセイユからやって来たセンターフォワードのディディエ・ドログバが縦軸を貫くプレーヤーたちである。

ディフェンスラインはゾーンの4バックを基調とし、ラインコントロールやポジショニングの良さは秀逸で、テリーとリカルド・カルバーリョの2人はどちらも空中戦、1対1、カバーリングの能力を兼ね備えた理想的なコンビだ。フォーメーションは4－3－3の変形で中盤の底にはマケレレが入る。彼の前にはフランク・ランパードとポルトガル人のチアゴ・メンデスやアイドル・グジョンセン。FWは中央にドログバ、左右にはジョー・コール、アリエン・ロッベン、ダミアン・ダフといったところ。

「私は常に勉強しているが、あなた方は常に時代遅れだ」

英国のメディアに挑戦的な言葉を投げ、高慢で不遜な男というレッテルを貼られたモウリーニョ監督だが、「勉強している」のは事実だろう。チェルシーは90年代に起こった戦術的な変化を漏らさずに取り込んでいた。

プレッシングエリアを下げる

第一に、プレッシングエリアを意図的に後方へ設定した。これは94年のチャンピオンズリーグ決勝で、ミランがバルセロナを4－0で倒したときのやり方だ。モウリーニョがチェルシーの監督に就任した04年は、あの試合から10年が経過している。その間、ピッチ上では変化が起きていた。

かつては守備ができれば攻撃力が不足で、攻撃がいいと守備に難があるという選手が多かった。そのため、ミランがプレッシングで世界中に影響を与えたといっても、ミランと同等のレベルで戦術を遂行できるチームはほとんどなかった。プレッシングを採り入れるために運動量と守備力を優先してテクニシャンの数を限定した結果、狭いエリアでの叩き合いに終始するゲームが横行したのはすでに記したとおりである。しかし、その後プレッシングが当たり前の戦術になると同時に、守備のタスクをこなしながらテクニックも兼ね備えた選手たちが徐々に現れる。およそ10年ほどで、プレッシングという環境に適応したハイブリット種の台頭、いわば選手たちの進化が起こっていた。

プレミアシップなら、リバプールのスティーブン・ジェラード、マンチェスター・ユナイテッドのポール・スコールズ、チェルシーのフランク・ランパードといった選手たちが挙げられる。強豪チームが、こうしたタイプの選手たちを〝標準装備〟するにしたがって、プレッシング戦法の効き目は初期のような劇的なものではなくなっていた。

もちろん彼らはジダンではない。1人で相手守備陣に脅威を与えるほどの威力はないのだが、一瞬のチャンスで決定的な状況を作る力はある。プレッシングで奪った直後、つまり相手が最もラインコントロールをしにくい状況で決定的なスルーパスを通したり、ドリブルで突破したり、隙をついてミドルシュートを叩き込むといった能力を備えている。こうした選手を複数抱えているチームに対して、あまりに高い位置にディフェンスラインを置いてのプレッシングは危険すぎる。ただでさえ中盤はつぶし合いの状況になっていて、どちらにボールがこぼれるかわからない。ハーフラインから10メートル後方にディフェンスラインを置くような守り方では、一瞬のプレーで即決定機につながってしまう。

プレッシングにひるまず、ボールをある程度キープし、よいパスを出せる選手が中盤に増えたことで、スピードを武器とするストライカーも蘇った。

浅いフラットラインの裏側は、もともと彼らにとっては〝大好物〟である。相手のフラットラインとペナルティーエリアの外のラインまでの間のスペースが10〜20メートルあり、そこへ落とされたボールをめがけての競走になるケースで、スピード自慢のFWは最も生きる。ただ、味方のMFが相手のプレッシングに負けてしまうと、なかなかジャストなタイミングでパスが出てこないのでオフサイドになってしまうのだが、ハイブリッドMFが登場したことで、浅いフラットラインを好物とするストライカーも武器を取り戻したわけだ。

マイケル・オーウェン、マテジャ・ケジュマン、ティエリ・アンリといった〝すり抜け〟の名手たちが得点を量産するようになった。また、MFだけでなく、DFからもフラットラインの裏にピンポイントのロングパスを落とせる選手も増えていた。98年ワールドカップのオランダvsアルゼンチンでは、オランダのDFフランク・デブールからのロングボール1本で抜け出したベルカンプが、史上に残る美しいゴールを決めている。いわゆる〝ダイレクトプレー〟の重要性が強調されるようになったのはこの時期と重なる。

ところで、チーム単位で行うボールゲームの中でもサッカーは比較的守備側に有利な競技だ。バスケットボールやハンドボールでは、いったんボールが相手にわたってしまえば、自陣に入ってくる前にビルドアップを阻止するのは不可能に近い。1対1でボールホルダーからボールを奪いとるのが困難だからだ。サッカーでも基本的にはボールを持っている者が有利なはずなのだが、手を使える球技に比べればボール奪取の可能性はずっと高い。

バスケットボールやハンドボールでは、相手がボールを保持してしまったら、いったん自陣まで引いて守りを固めるのが普通である。どうせとれないからだ。サッカーでも、同じことが起こりつつあるのかもしれない。フィールドの大きさなど条件が違うので、全く同じにはならないにしても、ボールスキルと判断力が進歩して攻撃側のアドバンテージが大きくなっていけば、守備エリアが下がるのは自然である。ただし、どこまでも引いてしまうのはかえって危険だ。

失点の多くはミスに起因している。自陣近くで守れば、ゴールに近い場所でのミスが増え、結果的に失点も多くなってしまう。チェルシーはディフェンスラインを低めに設定し、プレッシングエリアを下げているが、いわゆるベタ引きにはなっていない。自陣ペナルティーエリアより数メートル前にディフェンスラインをとどめている。そして、その前面ではMFが厳しくボールにプレッシャーをかけ、両サイドのFWもサイドバックの手前まで引いて分厚い守備ブロックを形成するのだ（図14）。

ただし、いつでも低い位置にディフェンスラインを敷いていたわけではない。高い位置から厳しくボールにプレッシャーをかけるときもある。一方、低い位置で構える場合でも、最大限の圧力をかけてボールを奪いにいくこともあれば、ゾーンを埋めながら、なおかつ相手の様子をみるような、多少緩めのプレッシングを行うこともある。厳しく奪いにいくだけでは、入れ替わられる危険も大きくなっていたからだ。プレッシングとひとくちに言っても、この時期にはもう1種類ではなく、強弱にも段階をつけるようになっていた。

チェルシーの守備は、およそ次のような手順を踏んでいる。

相手陣内に攻め込んでいて、そこでボールを失ったときには即プレッシャーをかけていく。これはどのチームでも変わらない。チェルシーが違うのはその次の段階、つまりプレッシャーをかいくぐられてしまったときだ。攻め込んでいるときには、最終ラインはハーフライン付近まで押し上げている。別のいいかたをすれば、そこから前には押し上げられない。オフサイドトラップの駆け引きが使えるのは自陣側だけだからだ。この状況で、前方でのプレッシャーをかわされ、DFの手前にあるスペースへボールを運ばれてしまえば、当面ラインは下げざるを得ない。チェルシーの場合、ここでマケレレの存在が違いを作り出す。

ディフェンスラインの前面には、必ずマケレレが立ちふさがる。相手チームにとって、マケレレは渡らなければいけない「橋」だ。1対1でマケレレを抜いてしまえば、一気に相手ゴール前まで攻め込むことができる。ところが、1対1でマケレレが負けてしまうことはほとんどない。

図14　チェルシー（04-05シーズン）の低い位置でのプレッシング

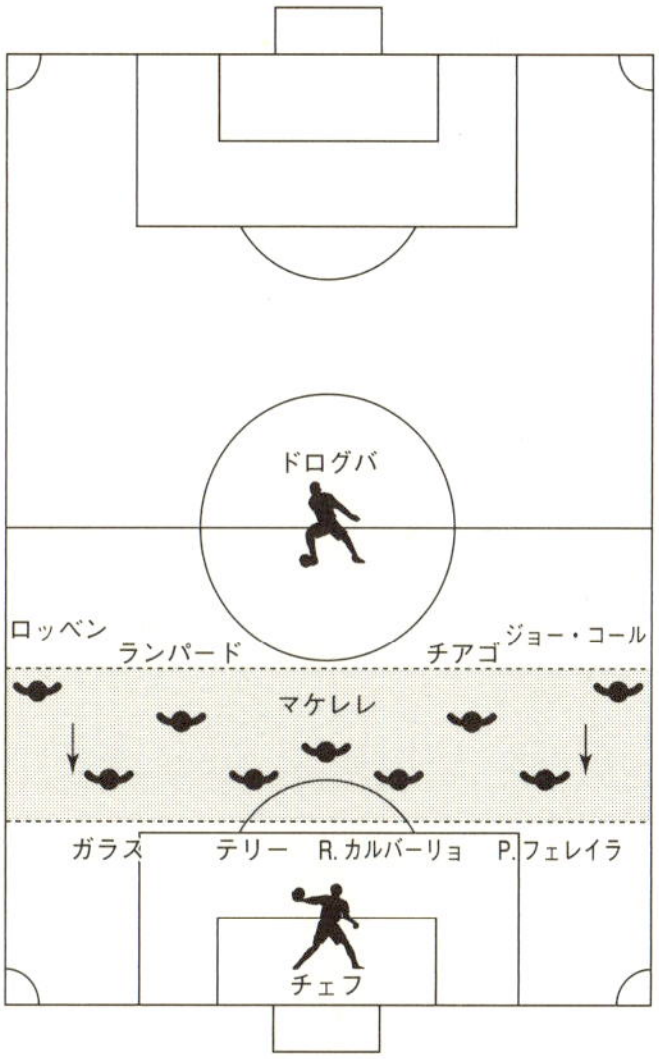

ディフェンスラインをペナルティーエリア外まで後退させ、その前で守備ブロックを作ってプレッシングを行う。両ウイングもサイドバックの近くまで引いてサイドのスペースをケアする

向こう岸への最短距離はマケレレという橋を渡ることなのだが、この橋は十中八九落ちるのだ。では、マケレレを回避したらどうか。マケレレとの勝負を避けて、1本横パスをつないでみる。しかし、たいていはそこにもマケレレがいる。

10メートル程度の横パスでは、マケレレのマークを外すことはできない。マケレレはボールといっしょに走ってきて、再び進路を遮る。1対1の強さとともに、1人で守備者2人分の働きをしてしまうのはマケレレの真骨頂だ。ナントではチャド人の傑出したアタッカーであるジャフェット・エンドラムのサポート役として、レアル・マドリードではジダンの影として、八面六臂の活躍をしてきた。もし、さらにマケレレを回避するなら、その間にランパード、チアゴはボールより自陣側まで帰陣してしまう。だが、やはりマケレレとの勝負は勝ち目が薄い。かくして、相手チームのカウンターのチャンスは削がれてしまうのだ。

こうして、相手の速攻を十分に遅らせたとき、チェルシーのディフェンスラインはペナルティーエリアの前で停止する。その前面中央にはランパード、チアゴ、そしてマケレレ。チェルシーの4バックは、ペナルティーエリアの横幅に収まるようなポジションをとる。この時点で、相手はゴールを直撃する攻撃ルートを失っている。ボールは空いているサイドへ運ばれ、サイドアタックに望みをつなぐことになる。

ボールがサイドへ展開されると、ペナルティーエリアの角付近にいたサイドバックがタッチライン方向へ動いてアタッカーの進路を塞ぐ。同時に全体がボール方向へスライドして守備をする。

このとき、チェルシーのウイングプレーヤーはサイドバックの近くまで戻ってボールホルダーにプレッシャーをかけ、2対1の状況を作る。これで〝詰み〟だ。

タッチライン付近に追い込まれた相手のアタッカーが、2人ないし3人をかわすのは非常に難しい。後方にはサイドバックが空いているからボールを下げるのは容易だが、下げればチェルシーのウイングプレーヤーが方向転換してプレッシャーをかけに動く。チェルシーのディフェンスラインは連動して前方にラインを上げる。DF4人＋MF3人＋FW2人、計9人による守備ブロックはすでに構築ずみ、ディフェンスラインが上がることで、さらにブロックはコンパクトになってスペースはない。斜めに放り込んでもテリー、リカルド・カルバーリョは簡単に跳ね返してしまう。仕方なくセンターバックへボールを下げれば、さらにチェルシーの守備ブロックは押し上げてくる。さらにGKにまで下げようものなら、チェルシーはディフェンスラインをハーフラインまで押し上げてくる。これで、カウンターのチャンスのはずが、元の木阿弥になってしまう。振り出しへ戻る、だ。

こうした段階を踏むチェルシーの守備で鍵になっているのは、マケレレの存在とともにウイングプレーヤーの稼働範囲の広さである。

マケレレの戦術的な役割は、マルセル・デサイーがACミランで94年チャンピオンズリーグ決勝で演じたものと同じだ。ウイングのほうは、ファンハールのアヤックスがやっていたことを拡大したものといっていいだろう。そして、ただ漫然と引いて守るのではなく、従来のプレッシングエリアを意識的に後方に設定し、そこでは組織的なプレッシングをかけてボール奪取した。

ファウルに強いドログバ

第二の特徴は、カウンターアタックの威力である。

プレッシングエリアを後方へ下げたことで守備の安定感を獲得した。ディフェンスラインがペナルティーエリアのすぐ外では、快足FWが裏へ走り込もうにもスペースがない。ペナルティーエリア内ではオフサイドになるかGKの守備範囲だ。また、ディフェンスラインの前面にはMFとFWが網を張っているので、そこを強行突破するのも難しい。では、外側からシュートを打ち込むといっても30メートル以上の距離があるので、これもまたゴールになる可能性は低い。

しかし、チェルシーは守備の安定と引き換えに攻撃面で課題を抱えることになる。

ボール奪取地点が低いので攻撃はやりにくい。そもそもラインを高くしてプレッシングをかけていたのは、ボール奪取地点を高くして、そこから素早いカウンターを繰り出すメリットがあったからだ。プレッシングエリアを下げることで守備面でのリスクを減らすことはできたものの、前線に1トップしか残っていない状態での攻撃は難しい。ところが、チェルシーのカウンターは十分に威力があった。

1トップを残した状態での自陣からのカウンターは難しい。だが、ボールを前に運ぶ方法があれば話は変わる。相手陣内へ素早く攻め込むことができるなら、ピッチの半分のスペースを使って攻めることができる。相手が帰陣して、守備ブロックを作り、プレッシングによって攻撃の勢いを止められてしまえば、得点チャンスはほぼなくなってしまうが、その前に攻め込んでいけばチャンスは大きい。バスケットボールやハンドボールで速攻が大きなチャンスになるのと同じだ。問題は、どうやってボールを相手陣内へ素早く運ぶかだ。

守備面で欠かせないのがマケレレなら、攻撃ではドログバだ。引いて守るときのチェルシーは、ドログバを前線に残している。ウイングプレーヤーは守備に参加して深く引いてしまうので、相手サイドバックは前に出てくることが多い。ドログバにはほぼピッチの横幅のスペースが与えられている。センターバック2人を相手にしなければならないが、広いスペースでロングボールをモノにする能力で、ドログバは桁外れだった。スピード、バランス、ボールタッチ、リーチ、ジャンプ力、そしてこのケースでは避けられないフィジカルコンタクトの強さが抜群なのだ。

ドログバは並のファウルでは止まらない。体を激しくぶつけたぐらいではビクともせず、反対に当てにいったほうのDFがバランスを崩して入れ替わられてしまう。体が大きくて強いだけなく、俊敏で、コンタクトスキルが非常に高いのだ。このターゲットプレーヤーとしてのドログバのクオリティーは、チェルシーのカウンターに決定的な役割を果たしている。

たんにボールの収まりのいいポストプレーヤーならたくさんいるが、ドログバほど〝ファウルに強い〟選手はいない。攻撃は、前線のプレーヤーにボールが収まったときにスイッチが入る。

自陣ゴール方向へ振り向く守備側の選手は、ボールとマークすべき相手を同時に見ることはできない。トップにボールが入ることで、攻撃側はマークを外して一気に飛び出していくことができる。チェルシーのウイングプレーヤーは足が速く、ドリブルも上手い。ドログバにボールが入った瞬間、ロッベンやジョー・コール、あるいはダフがフルスピードで駆け上がっていく。いったん守備に戻りながら、カウンター時に出て行くタフネスも驚異的だが、何といってもそれを可能にしているのがドログバの存在なのだ。

もし、ファウルされて簡単に倒れてしまうようなFWならば、カウンターはそこで途切れてしまう。FKを得ても、相手はリスタートの前におおかた帰陣してしまうからだ。だから、相当のファウルでも倒れないFWが重要なのである。ゴール前ならともかく、中盤で倒れてしまうターゲットでは、ターゲットとしての意味がないのだ。

チェルシーのウイングが広範囲に動くことはすでに記したとおりで、60〜70年代の職人的ウイングには及びもつかない運動量である。サイドでの上下動だけならば、現代のサイドバックやウイングバックも不足はないが、チェルシーのウイングは古典的な突破力も兼ね備えている。この〝進化したウイングプレーヤー〟もチェルシーの特徴で、ショーン＝ライト・フィリップス、フローラン・マルダ、サロモン・カルーと、この流れは続いている。ただ、プレミア3連覇を逃した06－07シーズンはアンドリー・シェフチェンコとミカエル・バラックを獲得したことで2トップの4－4－2を採用し、ウイングを使わなかった。これで持ち味だった機動力をなくしている。

ランパードの得点力も大きな武器だ。運動量の多さはウイングだけではなく、とくにランパードはドログバの背後のスペースへ走ってボールを受け、正確無比のミドルシュートでゴールを量産した。イングランド期待の若手だったが、モウリーニョ監督の下で大きく開花している。

ポゼッションによる休息

第三の特徴はボールポゼッション。チェルシーはカウンターアタックに本来の強みがある。しかし、ボールポゼッションも非常に上手いチームだ。極論すると、カウンターは得点するため。ポゼッションは失点しないためだ。

ボールゲームで速攻が有利なのは自明である。チェルシーは守備のリスクを減らし、ときには深く引いて守る。相手を自陣におびき出し、得意のカウンターでゴールを狙った。しかし、毎回カウンターができる状況とはかぎらない。攻撃に時間がかかり、相手が引いて守備ブロックができあがってしまうこともある。そのときは、ピッチを幅広く使ったポゼッションに切り替えた。

また、モウリーニョ監督はパス回しを続けることで、攻めながら選手を休ませる方法をとっていた。縦に大きく動かなければならないウイングプレーヤーを筆頭に、チェルシーの戦術では運動量が要求される。ところが、モウリーニョはボールを使わないフィジカルトレーニングをやらないことで有名であった。コンディショニングも常にボールを使ってやる。その中で、選手たちはボールを扱いながら走ることも、休むことも覚えたのだろう。90分間、休むことなく走り続けることは理想だが、それはやはり無理なのだ。とくに消耗の激しいチェルシーの戦法では、どこかで休息をとる必要があった。

ゲーム中に休むとすれば、守備をさぼるわけにはいかないから、攻撃で手を抜くしかない。大きく前方へ蹴ってFW1人に追わせ、残りの選手たちは自陣に待機するというやり方をするチームもあるが、これでは休息時間は束の間になってしまう。そうではなく、ピッチの幅を十分に使って1人1人のスペースを最大化し、その間でスピードのあるパスを通していく。ポジションは固定的なので、それほど走り回る必要はない。一方、相手チームはボールを奪回するために走らなければならない。自分たちは休息し、相手のスタミナを奪う。ボールを動かしながらの休息は、その点で一石二鳥なのだ。

このパス回しは、バルセロナやオランダ代表の流れを継承している。ただ、チェルシーは得点するためではなく、休息するためのパス回しに着目したところが新しい。DFやGKにボールを下げることを躊躇せず、回すとなったら平然と何本ものパスをつなぎ続けた。このパス回しでは、ポルトガル人のチアゴがアクセントになっていた。チアゴは04－05シーズンしかチェルシーに在籍せず、エッシェンと入れ替わりにリヨンへ放出されている。ランパードのような得点力はないし、マケレレほど守れもしない。常時レギュラーとしてプレーしていたともいいがたい。ただ、モウリーニョがリカルド・カルバーリョ、パウロ・フェレイラとともに重用したポルトガル人であった。

チアゴの特徴は、ボールを大切にするところだ。攻守にわたって一定のプレーを続ける運動量もさることながら、その本領はボール扱いにある。左右両足で柔らかいコントロールと正確なキックのできる〝捌き屋〟だ。それもリスクの高いプレーはあまり選択せず、基本的に安全第一のミスの少ないMFなのだ。ベンフィカの先輩であるルイ・コスタから、攻撃性を削ったような選手である。悪く言えばインパクトのないタイプであり、資金力のあるチェルシーが狙うような選手ではない。だが、モウリーニョ監督はボールポゼッションにおけるチアゴの高い能力を買っていたのだろう。

ポルトガルはテクニックに関してはヨーロッパの最高峰といっていい。クリスチャーノ・ロナウドのようなトリッキーなドリブラーの産地だが、チアゴのようなミスをしないテクニシャンも数多く輩出している。10番（トップ下）と5番（ボランチ）の中間的な役割を担う8番のタイプを安定的に輩出していて、チアゴもその1人だった。チェルシーの前にモウリーニョ監督が指揮を執っていたFCポルトでは、マニシェがその役割を果たしていた。

さて、モウリーニョ監督のチェルシーに見られた戦術的な特徴を整理すると、第一に守備の固さ。第二にカウンターの鋭さ。第三にボールポゼッションによるゲームのコントロールが挙げられる。そして、これらを組み合わせて、状況に合わせていかにプレーするかを全選手に浸透させていった監督の手腕は見事なものだった。

バルセロナのご意見番になっていたヨハン・クライフは、モウリーニョを「結果至上主義」と批判した。確かに、アタッキング・フットボールの権化のようなクライフから見れば、モウリーニョの戦術は手堅さが前面に出た物足りないものだったかもしれない。トータルフットボールの後継者としては、むしろフランク・ライカールト監督に率いられたバルセロナのほうが相応しいといえる。だが、モウリーニョのチェルシーは最も現代的で、それまでの戦術の流れを余さず吸収していた。チャンピオンズリーグで優勝することはなかったものの、近年のフットボールが生み出した傑作であることは間違いない。

モウリーニョは大言壮語の人物を演じているが、大勝利の幻想を持たない現実的な監督だと思う。稀に3－0、4－0という点差の試合があるにしても、トップクラス同士のゲームは接戦が基本線である。その中で、いかに試合の流れをたぐり寄せ、僅差の勝利をつかむか。その点で、強固な守備力をベースにマルチ対応のチームを作り上げたのは、ユベントス時代のマルチェロ・リッピ監督とよく似ている。

ただ、モウリーニョはポルトガル人で、〝ボール〟を最重要視したところはリッピとの相違点だろう。04年にモナコを破ってチャンピオンズリーグ優勝を果たしたFCポルトは、守備の固さでチェルシーと共通しているが、ボールをキープすることでゲームをコントロールするという部分ではチェルシーよりも際立っていた。

このときのポルトは、デコをトップ下に据えた4－3－1－2のフォーメーションである。中盤を菱形に組んだこの形は、本来ならばジダン・クラスの才能を必要とする。デコは元ブラジル人の老獪ともいえるテクニシャンだが、ジダンの体格には恵まれていない。また、このフォーメーションはウイングをサイドに張らせるバルセロナのような攻撃方向の広がりも持たない。しかし、テクニシャン揃いのポルトガル人は狭い地域でのパス回しに長けていた。デコの存在感は大きかったが、チーム全体でプレッシングをかわしてボールを保持することができていた。さらに、必ずしもすべての攻撃をゴールに結びつけなくてもいいという、モウリーニョの割り切った考え方がボール回しに余裕を与えていたに違いない。このあたりの感覚は、ヨーロッパというよりブラジル風である。

機械的にさえ見える、オートマチックなパス回しから、常にゴールを狙う攻めとは違う。ボールをキープするのはゲームをコントロールし、休息し、相手を走らせるためでもあるとブラジル人なら考える。どんどん攻めて、大量点をとろうという気などない。相手より1点多くとればいい。ボールを保持しているかぎり、相手は攻撃できない。結果的に、ボールポゼッションは得点のためというより、失点しないことにつながる。まずボール、そこからすべてが始まる。

ポルトは決勝こそ3－0で勝っているが、それまでのほとんどの試合は接戦だった。決勝トーナメント1回戦ではマンチェスター・ユナイテッドと対戦し、ホームの第1戦を2－1で勝利する。だが、ユナイテッドにアウエーゴールを献上したのは、ポルトにとって痛手だった。ユナイテッドのアレックス・ファーガソン監督は「アウエーゴールを奪ったのだから、絶対に勝ち上がってみせる」と試合後に語っている。オールドトラフォードでのユナイテッドの強さには定評があり、まずホームで負けるとは考えられず、1－0でも勝ち抜けになる。だが、結果は1－1の引き分けだった。

「ポルトの前半のチャンスは1回だけ。彼らはボールポゼッションこそ高かったが、それを生かせていなかった」

ファーガソン監督は、「人生にショックはつきものだが、これは予期していなかった」と、ホーム引き分けによる敗退を嘆いた。このゲームのボールポゼッションは、ポルトが58パーセントと上回っている。32分にユナイテッドが先制し、ポルトが追いついたのは90分という試合展開だから、アウエー側のポゼッションが高くなっても不思議ではない。ただ、ドラゴンでの第1戦でもやはりポゼッションはポルトの58パーセントなのだ。

第2戦に関しては、ファーガソンが言ったように「(ポルトが)ポゼッションの高さを生かせていなかった」のは事実かもしれないが、第1戦はポルトがボールを相手に渡さずに、78分の逆転ゴールを守りきっている。そして、ユナイテッドは第1戦でも14分に先制しているのだ。つまり、ポルトはホームではボールを支配して逆転に成功し、ボール支配力を生かして逃げ切った。さらにアウエーの第2戦でもボールを保持し、ついに終了間際に勝ち抜けを決める同点ゴールを決めた。一方のユナイテッドは、アウエーで先制したにも関わらず、ゲームをコントロールできずに逆転された。そしてホームでも先制したのにリードを守れなかった。ファーガソンが言ったように、ポルトにはボールポゼッションをゴールに変える力が不足していたかもしれないが、少なくともボールを保持してゲームをコントロールする力はユナイテッドより上回っていたのだ。

ポルトガルの強みはテクニックであり、ボールポゼッションの能力である。モウリーニョは、それを生かした戦法でポルトに勝利をもたらしたのだ。ボールを支配することでゲームをコントロールする。ワールドクラスのストライカーがいるわけでもないから、ボール支配力を大量得点に変えようとは考えていない。ボールを支配することが、彼らの僅差勝利におけるキーポイントだった。

モウリーニョがチェルシーに来て3シーズンめ、オーナーのロマン・アブラモビッチは同郷のシェフチェンコを獲得した。シェフチェンコとドログバの2トップを起用し、さらにバラックをMFに起用すれば、看板の両ウイングは使えない。チャンピオンズリーグの終盤では、ドログバへのロングボールばかりの単調な攻撃に終始した。機能性を失い、4シーズンめ、ついにシーズン序盤でモウリーニョはチェルシーの監督を降りてしまう。オーナーの意向による、事実上の解任とみていい。

かつてベンフィカを率いてチャンピオンズカップ連覇を成し遂げたハンガリー人、ベラ・グッドマン監督は「3シーズンめは、たいがい酷いことになる」という考えの持ち主で、1つのクラブに長く留まらなかった。モウリーニョは3連覇こそならなかったが、3シーズンめもFAカップとリーグカップの2冠をとっているから失敗ではない。ただ、4シーズンめは「酷いこと」になった。しかし、モウリーニョはまだ40歳半ばという若い監督だ。臨機応変の戦略家で、マンマネージメントにも長けた名将として、今後の活躍が期待される。

Chapter 9

ハードワークの現代

The Present of Hardwork

ロナウジーニョと新ドリームチーム

21世紀の初めに脚光を浴びた〝ギャラクティコ〟のレアル・マドリードは、トータルフットボールの精神を受け継いでいたものの、戦術的にはやや時代遅れの〝恐竜〟じみたチームであった。戦術的な流れの先端は、ミランのプレッシングを受け継ぎながらディフェンスラインを下げたチェルシーであり、ギャラクティコの後に現れたバルセロナだった。この2チームは似ていない兄弟だ。74年のオランダは、80年代にミランとバルセロナに枝分かれしたが、チェルシーはミランの延長線上にあり、バルセロナはクライフの敷いた路線を多少の脱線がありながらも踏襲してきた。

バルセロナが再びドリームチームに匹敵する成功を収めたのは、フランク・ライカールト監督の就任とロナウジーニョの入団から。すでに02年ワールドカップに優勝し、パリ・サンジェルマンで活躍したロナウジーニョが本格的な飛躍を遂げることになる。

ライカールト監督はアヤックスでクライフ監督の指導を受け、ミランではサッキ監督のチームの主要メンバーだった。まるでトータルフットボールの申し子のような人物だ。バルセロナの監督となったライカールトはドリームチームのコンセプトを継承、ウイングプレーヤーを重視し、ロナウジーニョは左ウイングとして新境地を拓いている。すでにピッチの中央は〝戦場〟となっていて、クラシックなナンバー10がプレーできる場所ではなくなっていた。ロナウジーニョは左タッチライン沿いをキーポジションとして、多彩なテクニックとアイデアで攻撃をリードする。

この新しいドリームチームのスタイルは、クライフ監督の時代とコンセプトは変わらない。対戦相手がドリームチームの時代とは違うので、バルセロナのプレーもそれなりにアレンジはされているが、トライアングルを作ってのパス回し、サイドに開いたウイングを起点とした攻撃、カウンターケアを主としたプレッシングなどは共通である。

04－05シーズンでは、チェルシーとの対決が話題となった。バルセロナはホームの緒戦を2－1で勝つが、スタンフォード・ブリッジに乗り込んでの第2戦に2－4で敗れてしまう。スリッピーなピッチで行われたこの第2戦では、バルセロナの横パスを狙ってカットし、高い位置まで上がってくるサイドバックの裏をつくチェルシーの作戦が当たっていた。次の05－06シーズンで両者はまたも決勝トーナメント1回戦で激突するのだが、今度はバルセロナが勝ち、このシーズンのチャンピオンに輝いている。このシーズンのバルセロナは、ディフェンスラインの押し上げを控えめにして、前からどんどんプレッシングを仕掛けていた戦術を微調整していた。

ボールを支配して敵陣に押し込んでいくバルセロナの戦法では、守備の課題はカウンターに対するケアである。ボールを失ったら、ただちにＦＷがプレッシャーをかけていく。チェルシーに敗れた04－05シーズンは、ＦＷの動きに連動してＭＦ、ＤＦも高い位置でプレッシングを仕掛けていた。だが、この戦法のリスクをチェルシーに思い知らされたせいか、次のシーズンにはＭＦ、

DFは連動したプレスを控えるようになった。それまでよりも陣形はいくらか間延びしてしまうが、これはこれでバルセロナらしい。

バルセロナは3トップを置いている。この3人は攻撃のスペシャリストだ。言い方を変えれば、後ろに引いてハードワークさせて生きるタイプではない。チームとしては、彼らをなるべく守備から解放して、前線に残しておきたい。そこで、FWはボールを奪われたらただちにプレッシャーをかける。相手のDFはほとんど4人なので、まずは3人でボールに近いところからDF同士のパスコースを消す。横パスは狙われているので、相手は前方へのプレーを選択する。これでバルセロナの3トップの守備はほぼ終了だ。それ以上、ボールを追って自陣深くまで戻ることはしない。相手のサイドバックが上がっていけばマークしなければならないケースも出てくるが、基本的には相手DFにボールを吐かせてしまえばそれ以上は守らない。

例えば、ロナウジーニョ、エトー、メッシの3人がハーフライン近くに残っていれば、相手はそこに4人のDFを残さざるを得ない。もし、カウンターを食って3人のいずれかにボールが渡れば、1対1の関係では到底守りきれないからだ。そうなると、バルセロナ陣内で攻撃する選手の人数は6人ということになる。一方、バルセロナは3人が前に残っても7人で守備ができる。つまり、FWが守らなくても数的優位は確保できるのだ。むしろ、それほど守備で役に立つとは思えないロナウジーニョが戻ってきて、彼と一緒に敵のサイドバックが出てくるよりは、そのまま7対6の関係をフィックスしてしまったほうがいいのだ。ボールを奪い返せば、前の3人でカウンターアタックができる。バルセロナの3トップによるカウンターほど相手にとって恐ろしいものはない。相手DFの攻撃参加を抑止するのに十二分の圧力になる。つまり、バルセロナのFWは守備に戻らないことで守備をするわけだ。これで体力を温存し、いざ攻撃という瞬間に爆発的なプレーに移っていく。

アーセナルのバイタルエリア活用法

バルセロナと並んで、攻撃面でトータルフットボールのイメージを色濃く継承しているのがアーセン・ベンゲル監督の率いるアーセナルだ。

老朽化したハイバリーから新スタジアムのエミレーツに引っ越して財政は好転してきたが、アーセナルはビッグクラブの中では資金に余裕のないクラブだった。そこで、ベンゲル監督は未来のスターを発掘してチームを編成してきた。ニコラ・アネルカやセスク・ファブレガスの引き抜きのように、かなりあざといやり口が問題になったこともあるが、それだけ必死だったということだろう。

アーセナルのフォーメーションは4－4－2か4－5－1で、イングランド伝統の中盤横並び式4－4－2をベースにしている。ギャラクティコのレアル・マドリードが偉大なプレーヤーのパッチワークによる攻撃で、バルセロナがスターとオランダ式戦術の融合だとすると、アーセナルは戦術を通じて若手をスターに格上げするシステムである。

大エースだったティエリ・アンリをバルセロナへ放出した07－08シーズン、スケールダウンを心配されたのもどこ吹く風、セスクやアデバヨールの台頭によって、ベンゲル監督が率いたチームの中でも最も魅力的なプレーを披露している。それまでにもアネルカ、プティ、ベルカンプ、アンリなど、ベンゲル監督の下でプレーしたことでスターへ格上げされた選手は数知れないが、アーセナルの戦術にその秘密があるのだ。

07－08シーズンでいえば、バイタルエリアの使い方に〝らしさ〟があった。

アーセナルの攻撃で目に付くのは、サイドバックの追い越しの多さだ。味方が前方でボールをキープすると、必ずといっていいぐらいサイドバックがボールホルダーを追い越していく動きをする。その目的で最も大きいのは、相手のディフェンスラインを下げるためで、その結果としてDFとMFの間のバイタルエリアと呼ばれるスペースを広げることだ（図15）。

なぜ、ディフェンスラインの前面にあるスペースが〝バイタル〟なのかといえば、そこで攻撃側の選手が前向きにボールを持つと、守備側にとっては非常に対処が難しいからである。そのまま放置すれば、ミドルシュートを叩き込まれる。かといって、ディフェンスラインから前に飛び出してボールホルダーとの間合いを詰めようとすれば、背後にスルーパスを通される危険がある。止まっている状態ならカットできるコースであっても、動いているときには阻止できなくなる。ボールが足の1メートル横を通過しているのに、足が出ないということも起こりうる。また、間

図 15　アーセナル(07-08シーズン)のバイタルエリアを広げる攻撃

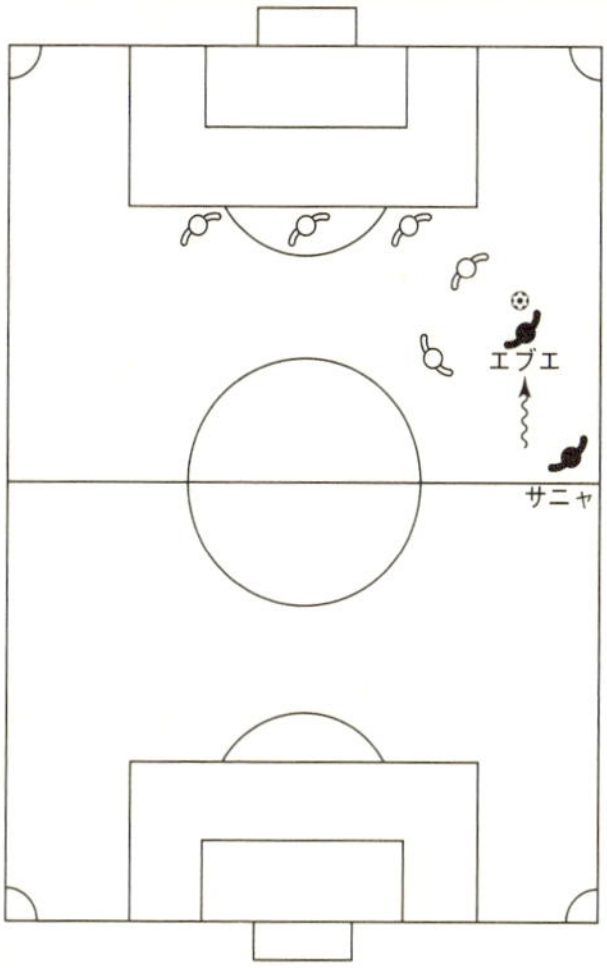

サイドバックがボールホルダーを追い越し、それによって相手ディフェンスを押し下げる。ディフェンスライン手前のバイタルエリアが拡大するので、そこへMFが侵入して前向きにボールを受けられる

ドリブル
選手の移動

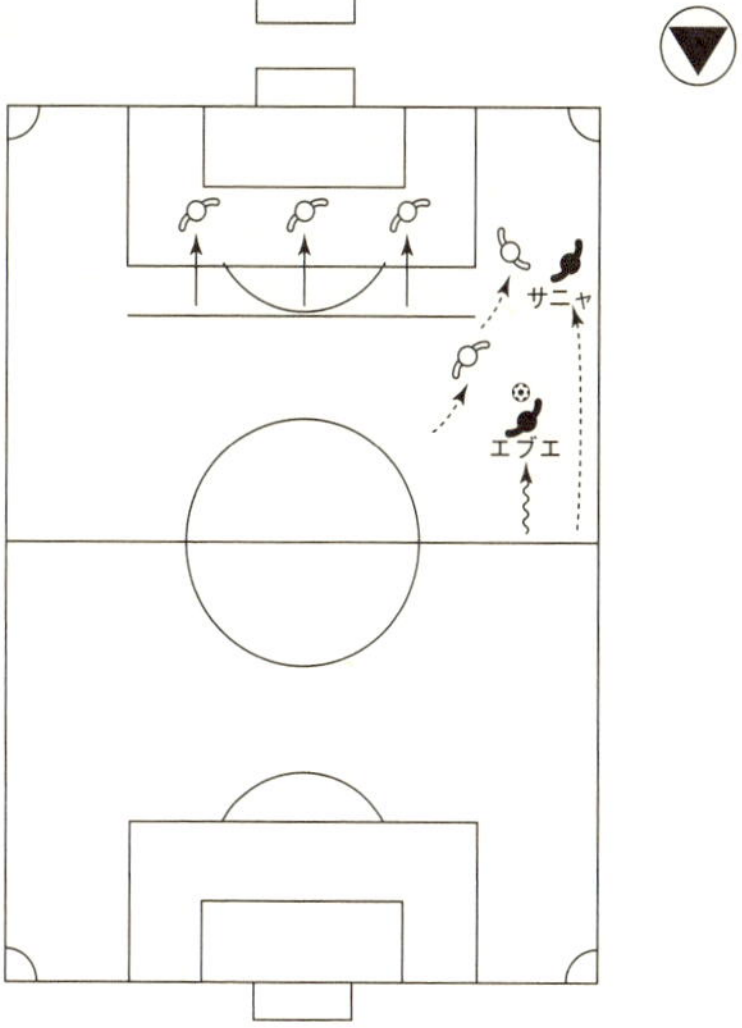

合いを詰めようとしたときにワンツーで突破されるかもしれない。ドリブルでかわされるかもしれない。守備側にとって的を絞りにくい、いろいろな危険が一気に広がっていく。

攻撃側にとっては、さまざまな可能性と選択肢を持つことができる。つまり、創造性を発揮しやすい状況になる。アーセナルの若い選手たちが急激に成長していくのは、このバイタルエリアでのプレーを非常に高い頻度で経験できることが大きいと思われる。もともとクリエイティブな能力を持っているのは間違いないが、それを発揮できる場をチーム戦術が用意してくれているのだ。セスク、フラミニ、フレブといったMFたちが、独力でバイタルエリアに侵入し、そこで持ち前の技術と創造力を発揮して、好選手からスターになる…彼らの線の細さから考えて、それは難しかっただろう。彼らは〝ジダン〟ではないのだ。アーセナルにいたからこそ、プレーヤーとして格上げされた。

FWについても同様で、敵のペナルティーエリアに侵入してパスを受けたり、コンビネーションに参加するなど、やはりクリエイティブなプレーが要求される。その中でフィジカルの強さ、スピードといった持ち前の才能を発揮し、技術的にも進歩していったのがアンリであり、アデバヨールだった。

アーセナルがバイタルエリアを広げられるのは、サイドバックの追い越しによる。ボールホルダーをサイドバックが追い越して前に出れば、守備側はこれを放っておくわけにはいかない。誰かがサイドバックをマークし、サイドは2対2の関係になる。このとき、サイドバックをマークする選手よりも、ディフェンスラインは数メートル後方に下がる。ゾーンのフラットラインでは、ボールホルダーに対して守備をする選手の後方にカバーリングポジションをとり、その位置に他のDFも下がるのが原則だ。サイドの場合は、ボールホルダーの位置にディフェンスラインの深さを合わせてしまってもいいが、追い越しをかけているサイドバックにタイミングよくパスが通れば、フリーでラインの裏へ出られてしまい、アーリークロスを入れられる危険が大きくなる。やはり、当面はサイドバックをケアしてライン全体を下げざるを得ない。

チェルシーが効果を表したように、現代のチームはペナルティーエリアの外へディフェンスラインを置いて背後のスペースを消し、後方のエリアでプレッシングを仕掛ける戦術が多くなってきている。しかし、アーセナルのサイドバックのオーバーラップによってディフェンスラインが後退するとしたら、そこはすでにペナルティーエリアの中なのだ。ディフェンスラインの後退とその前面のスペースが広がることで、アーセナルのMFがサイドからの横パスを前向きに受けられる可能性が大きくなる。そこはシュートレンジであり、バイタルエリアだ。

このサイドの追い越しを使ってのバイタルエリアの拡大はバルセロナをはじめ、アーセナル以外でも採り入れているチームは少なくない。だが、アーセナルほど頻繁に、かつ効果的に使っているチームはない。ベンゲル監督はサイドバックに図抜けた走力を持つ選手を起用し、結果的にほとんどが黒人選手になっている。07－08シーズンでは右にサニャ、エブラ、左にはクリシーとすべて黒人だった。

現在の移籍市場では、テクニシャンには高額がついても運動量にはそれほどの高値はついていない。抜群の走力を誇るサイドバックであっても、それだけでは大した値段はつかないのだ。おそらく、ベンゲル監督はアーセナルの戦術に走力あるサイドバックが不可欠だと判断すると同時に、そうした選手の獲得に多額の資金を必要としないことも知っていたはずだ。ハードワーカーと戦術を組み合わせることで、創造性を際立たせることができる。それを証明し、高額なスターに頼らずとも魅力的な攻撃サッカーを披露した点で、アーセナルとベンゲル監督の功績は非常に大きいのではないだろうか。

ASローマの〝ゼロトップ〟

ASローマはセリエAのビッグクラブだが、チャンピオンズリーグともなれば上には上がいる。ビッグクラブの中で資金難という点では、アーセナルと同じような立場だ。

戦術家として知られるルチアーノ・スパレッティ監督も、スター獲得競争にしのぎを削るのではなく別の道を選んだようだ。通称〝ゼロトップ〟と呼ばれるローマのシステムでは、運動量が最大の売り物だ。ロドリゴ・タッディ、シモーネ・ペロッタ、マックス・トネットなど、技術的には平凡でも運動量抜群の選手たちを重用している。

ゼロトップと呼ばれているが、実際にはフランチェスコ・トッティの1トップである。フォーメーションは4―2―3―1なのだが、トッティは〝ヨハン・クライフ型〟のセンターフォワードとして前線で自由に動く。もともとトップ下のMFとして地位を確立した選手なので、トッティをFWとして数えなければトップはゼロという話だ。

トッティはローマ生え抜きのトップスターである。彼抜きのチームなど、ローマのファンは許さない。ところが、チーム戦術とハードワークを重視するスパレッティ監督にとって、ハードワーク向きでないトッティの使いどころは悩みだったと思う。結局、スパレッティの構想の中で、唯一守備負担がほとんどない1トップしか置く場所がなかったのだろう。ただ、1トップとなったことでトッティは新境地を見せた。

トッティはカウンターアタックの鬼才だ。2トップ下、1トップ下、2トップの1人と、主に3つのポジションでプレーしてきたが、実はどれもはまっていなかった。シュートは強烈で、ドリブルも上手く、ヘディングでも点がとれる。ポストプレーもできる。攻撃では何でもできる選手なのだが、プレーメーカーとしてはゲームをコントロールする力がやや欠けていた。攻撃の最終局面でのみ能力を発揮するタイプで、トッティが最も恐いのは味方と絡んでカウンターを仕掛ける場面に限定されていたといっていい。自分の前に全速力で走る味方がいる、そういうケースで繰り出す必殺のワンタッチスルーパスや破壊的なドリブルなどは無類の鋭さがあり、一瞬で状況を把握して意表をつくアイデアを出す才能は図抜けている。カウンターアタックのスペシャリストだ。

1トップとなることで、その特殊能力がより輝いた。ローマはトッティを前線に残し、他の選手は自分の受け持ちゾーンを忠実に守る。そして、奪ったボールをトッティへ預けたら、今度はいっせいにトッティを追い抜くように駆け上がっていく。例えば、トッティがクサビとなって絶妙のワンタッチでサポートした味方へ落とすと、すでにサイドには別の選手が走っている。相手のディフェンスは、どうしてもトッティに引き寄せられてしまうので、比較的サイドが空くことが多いのだが、マークが手薄なら独力で突破する力がトッティにはあるし、キープして引きつけるのも上手い。ローマはチームで最も高価な選手をデコイ（おとり）に使い、相手ディフェンスをトッティに食いつかせて隙を狙う。

ディフェンスがトッティに食いついたら、その裏を狙う。ここから後は単純だ。サイドのスペースへ走る選手へ展開されたら、サイドへ上がった選手はそのままの勢いでポンと中央へ折り返す。それに合わせて、数人の選手がペナルティーエリアの中へ雪崩れ込んでいくのがローマの典型的なカウンターのパターンだ。トッティを追い越した選手、そしてトッティ本人も合わせて、多いときには4、5人もペナルティーエリアへ入っていく。スピーディーで迫力のある攻撃だ。

このアプローチで、技術的にハイレベルなものが要求されているのは、実はトッティだけだ。あとの選手は走ればいい。サイドからクロスを入れる選手は1対1で相手を抜く必要がないし、クロスの精度もそれほどピンポイントでなくていい。中の人数が多いので、タイミングさえ遅れなければ誰かに合ってしまうからだ。中でシュートを狙う選手も同じようなもので、敵陣に走り込む勢いを利用してボールにアジャストすればいいだけ。マークを振り切る駆け引き、スピード、強さ、高さ、どれも平均値で十分である。

　トッティにボールが入ったら、全速力で彼を追い抜いて走り、攻撃が不発に終わったら前線からプレスをかけ、それもダメならいち早く帰陣して守備を固める。それを繰り返す運動量があればいいのだ。もちろん、マンシーニのようにドリブルで敵を翻弄するテクニシャンが左サイドにいるし、正確なロングパスを供給するダビド・ピサーロもいる。トッティ以外の選手も、ただ走っているだけではない。けれども、彼らには相当なハードワークが要求されていて、それがローマでプレーする第一の条件といえるだろう。

　ゼロトップというが、ローマで最も重要で不可欠なのは、間違いなく1トップに立つトッティである。トッティと走る9人で構成されたチームだ。しかし、トッティだけでもチームは成り立たず、9人のハードワークこそがこのチームの個性になっている。戦術とハードワークが創造性を保証したアーセナルとは逆に、ローマはトッティの天才がチーム戦術を助けている。トッティが欠場のときにはミルコ・ヴチニッチが代役を務めた。ヴチニッチは才能豊かな成長株だが、やはり07－08シーズンの時点では、トッティのいないローマに画竜点睛を欠くという印象は否めなかった。

天才がハードワークするマンチェスター・ユナイテッド

マンチェスター・ユナイテッドは、レアル・マドリードと争う世界のリッチクラブだ。アブラモビッチがオーナーになったチェルシーも使える金額は大きく、その点ではマンUとレアル以上かもしれないが、収益では比較にならない。

紛れもないビッグクラブであるマンUの強化方針は、レアル・マドリードと似ている。ただ、ギャラクティコ時代のレアルが完成されたスーパースターを獲得していたのと違って、マンUは未完成の未来のスターを獲得する手法である。スタープレーヤーを並べ、その能力を前面に出していくスタイルは共通だが、その過程が違うのだ。

むしろ、レアルとは反対にマンUはスターになった選手を放出する。現在は違うかもしれないが、数年前までは年俸の突出した選手を作らないという方針があった。チーム内に特別な存在を作らないのが、アレックス・ファーガソン監督の流儀である。デビッド・ベッカム、ルート・ファンニステルローイが、マンUで確固たる地位を得てビッグスターとなると、いずれもレアル・マドリードへ移籍したのは象徴的な出来事といえる。

ファーガソンはワーキングクラスの家庭で苦労して育ったという。労働者のスポーツとしてのイングランドのフットボール、それが身にしみこんでいるような監督だ。特権階級を作らず、皆でハードに働く。戦えない選手は認められない。英国フットボールが伝統としてきたハードワークという特質を受け継ぐプレースタイルは、まさにイングランドの正統派チームといった趣である。

ファーガソン監督が要求するのはハードワークであり、真面目でひたむきなプレーだが、獲得する選手はそれとは正反対のタイプが少なくない。クリスチャーノ・ロナウドはトレーニングでは真面目かもしれないが、華美なプレースタイルは質実剛健のマンU型とはかけ離れている。フランスリーグがもてあまし、ついには放り出した天下に隠れなき不良選手で、瞬間湯沸かし器のエリック・カントナを使ったのもファーガソン監督だった。才能も大きいが、いかにも荒削り。そういう選手を好んで獲得しているようにさえみえる。

才能さえあればいいのだ、たぶん。ハードワークを叩き込むことはできても、才能を与えることはできない。もちろん体力があるのが前提だが、選手をマンUのカラーに染め上げ、目一杯働かせることにかけては自信があるのだろう。ファーガソン監督は選手を教育し、それでいて持って生まれた才能を矯めることもなく、スター候補を真のスターに成長させてきた。

若い才能を起用して大きな成功をもたらした最初の例は、ベッカム、ポール・スコールズ、ガリー・ネビル、ライアン・ギグスらの〝ホームグロウン〟（ユース育ち）を抜擢してチャンピオンズリーグ優勝を含むトレブル（3冠）を成し遂げた98－99シーズンだった。現在はウエイン・ルーニー、ロナウド、アンデルソン、ナニ、テベスといった外様ではあるが、やはり若い選手たちを中心としてプレミアシップを制し、チャンピオンズリーグ優勝を手にしている。

戦術的にはオーソドックスなイングランドスタイルだが、アタッカーの個人能力は抜群で、それが攻撃の迫力を生み出している。この点では、スターの能力に依存した戦術であり、彼らの1対1の強さやスピード、テクニックで相手をねじ伏せていく。ただ、複数いるスター選手たちが、それぞれに自分勝手なプレーをするのではなく、チームプレーの中の勝負どころで個人技を発揮しているのがマンUらしさだろう。ただ、戦術的に何か新しさがあるかというと、それはない。それは守備面でも同じで、能力の高い選手たちが当たり前のことを力強くやっていくという印象である。しかし、特筆すべきは天才たちにハードワークをさせていることだ。

朴智星は常に動きを止めず、絶対に守備のポジションを開けない。攻撃でも味方をサポートし、的確なテクニックと気の利いたプレーでチャンスを作る。ハードワークは朴の持ち味だ。ところが、ルーニーも同じ役割をこなす。ポジションはFWやトップ下が多いが、チャンピオンズリーグ準決勝のバルセロナ戦では朴の反対サイドで、朴のような役割を果たしているのだ。ルーニーほど守備はできないが、ロナウドもサイドでプレーするときにはハードワークを要求される。もともとアグレッシブなプレーぶりのテベスも、マンUではいっそう磨きがかかっている。スコールズも然り。攻撃面で天才的な能力を持った選手たちが、守備面でも高いレベルのハードワークを見せつけているのだ。

4人のフラット型のゾーンディフェンスと、その前面に4人のハードワーカーを配する。この

4人×2ラインの守備組織は、どのチームにも共通する近年の傾向となっている。残り2人のフィールドプレーヤーをどこに置くかはチームによるけれども、8人のハードワークで隙を作らない戦術が支配的だ。ハードワーカー8人以外の2人のうち1人はFWなので、結局は残り1人の置き方に違いがあるだけ。

チェルシーはMFとDFの間にマケレレを使う。バルセロナもヤヤ・トゥーレがこのポジションだ。バルセロナはボールポゼッションが高いので、ウイングプレーヤーは高い位置でプレーする時間帯が長いが、守備時には中盤のラインを形成できる位置までは戻ってくる（ロナウジーニョは例外）。チェルシーのサイドほど稼働範囲は大きくないが、それでも4人×2ラインだ。リバプールやローマは、1トップの背後にトップ下としてジェラード、ペロッタを置いていた。この場合は、中央のMF2人はやや引き気味になるが、ライン形成のやり方は同じだ。レアル・マドリードはファンニステルローイとラウルの2トップを組み、マンUも2トップの4－4－2が多い。

チームによってエクストラの1人をどこに使うかの違いはあっても、8人で守備ブロックを構築するのは、もはや共通フォームとさえいえそうだ。こうしたチーム同士の試合では、互いにハードワークのつぶし合いとなり、スペシャルな能力を持ったストライカーによる一瞬の個人技が勝敗を決めるのが基本線だ。また、ハードワーカーたちが攻撃面でそれぞれの能力をどれだけ生かせるかも試合展開を左右する。チェルシーのランパード、バラック、バルセロナのデコ、シャビ、イニエスタはただのハードワーカーではなく、いうまでもなく攻撃面でも傑出した名手たち。トップクラスのチームは、ハードワーカーといってもかなり豪華な陣容である。

その中でも、マンUのハードワーカーはハイレベルだ。戦術は普通でも、それを遂行する選手が普通ではない。走って守るだけでなく、攻めてもすごいのだ。というより、もともと傑出したアタッカーがハードワークをしているという図である。才能を与えることはできないがハードワークを覚えさせることはできると書いたが、それも実際には簡単ではない。70年代の話だが、アヤックスでトータルフットボールを導入したリヌス・ミケルス監督でさえ、当時のバルセロナでは選手の意識を変えることができなかったという。

「クライフと同等の技術を持つ選手はいるが、クライフと同等の戦術意識を持った選手は誰もいない」

その点で、荒削りな天才たちにトータルフットボールの意識を植え付けるファーガソンの手腕は傑出している。ベンゲル監督も若手の発掘と育成では定評があるが、癖のある荒馬を乗りこなしてしまうファーガソンの管理能力は独特だ。すでに完成された選手よりも、若い選手を完成させたほうがチームのピークは長くなる。そして、チームがピークに達する前には、次世代の育成に着手する。若くして発掘され、鍛えられた選手たちは、しばらく監督に頭が上がらない。スター軍団を統率するといっても、レアル・マドリードの監督たちのような苦労はファーガソンにはない。その前に、手は打ってあるからだ。

ミランのマルチロール

4人×2ラインによるハードワークのフットボール、これが現在のスタンダードになっている。もともとこの種のスタイルだったイングランドのクラブが、07－08シーズンのチャンピオンズリーグ4強のうち3チームを占めたのは、その意味で納得できる結果といえるかもしれない（もちろん、プレミア勢の資金力の大きさが最大の要因だが）。

8人のハードワークをベースにした現代の戦術の原型は、イングランドもそうだが、サッキ監督時代のミランにあった。前線のスペシャリスト、抜群の身体能力を発揮してハーフチャンスを得点に変えてしまうストライカーの存在が試合を決めるという点でも同じである。

当時のミランはマルコ・ファンバステンとルート・フリットの2トップで、この2人は普通のハイクロスを、何でもないロングボールを、あるいは何の変哲もない足下へのパスを、得点に変えてしまう能力があった。ミランはサッキのいう「相手陣内でのカテナチオ」によってゲームを支配していたが、攻撃面で相手を崩しきるための何かを持っていたわけではない。しかし、相手ゴール前でのプレーが多くなることでチャンスの数も多くなり、さらにそのチャンスがとくに決定的である必要すらなかったのだ。

興味深いのは、このミランのスタイルを現在の多くのチームが継承している中で、本家のミランがやや違った道を歩んでいることである。

02年の優勝を最後にレアル・マドリードがチャンピオンズリーグの主役を退くと、取って代わったのがミランだった。03年にユベントスをPK戦の末に下して優勝、05年は本命視されながら、リバプールに3－0から3－3へ追いつかれ、PK戦で敗れたとはいえ準優勝。06年はチャンピオンとなるバルセロナに負けてベスト4だったが、07年はリバプールにリベンジして優勝。5シーズンで優勝2回、準優勝1回、ベスト4、ベスト8という成績は、この期間で最強チームだったことを証明している。その間、監督はカルロ・アンチェロッティで、選手の顔ぶれもほとんど変わっていない。これもビッグクラブとしては極めて珍しい現象だといえる。

戦術は、かつてのフラットな4－4－2ベースではなく、4－3－2－1を多用した。いわゆる〝クリスマス・ツリー〟と呼ばれるフォーメーションで、98年ワールドカップでフランス代表が用いて成功した形である。

ミランのクリスマス・ツリーで独特なのは、3ボランチの中央にアンドレア・ピルロを起用している点だ。ピルロは古典的なトップ下のタイプで、柔らかいボールタッチとピンポイントのパスがウリだ。ただし、テクニックは文句なしだが体の線が細く、トップ下が自由にタクトを振るうスペースが残されていない時代になっていたから、抜群に上手いけれども使いどころがない選手になっていた。そこで、ボランチに起用したところ、これが当たった。深い位置でDFからボールを預かって攻撃のリズムを作り、一発のロングパスで敵の背後をえぐる〝タッチダウンパス〟も威力を発揮する。4―3―2―1の「3」の中央のプレーヤーとして、ミランに欠かせない存在になっていった。

しかし、ピルロは守備で強力な選手ではない。彼を〝護衛〟する役が必要だった。ジェンナーロ・ガットゥーゾはそれにうってつけの男で、屈強なマッシモ・アンブロジーニと2人でピルロを左右から挟み込むポジションをとる。ただ、初期の段階では守備の弱さが目立ったピルロも、年を重ねるごとにタフなプレーヤーに成長し、イタリアが優勝した06年ワールドカップでは、隣のガットゥーゾも顔負けのハードワークをこなしている。

98年フランスバージョンのクリスマス・ツリーでは、ピルロに該当する選手はいない。中盤のセンターはディディエ・デシャンで、彼はむしろガットゥーゾのタイプだった。司令塔を深い位置に置くアイデアは、ピルロを得たミランのオリジナルだ。そして、レアル・マドリードがジダンとマケレレを組み合わせたように、ピルロとガットゥーゾを組ませたのは、ミランが従来のシステマチックなチーム作りからオーダーメイドのパッチワーク型に変化していたことを象徴している。

クリスマス・ツリーは守備面で強固なシステムだが、攻撃のビルドアップには難点があり、トップ下の2人に相当の力量が要求される。フランスにはジダン、ジョルカエフの2人がいたが、ミランはカカーとクラレンス・セードルフのコンビだ。カカーは主にカウンターアタックの場面で能力を発揮する。広いスペースでドリブルをさせたら、ほとんど止められない。1人で相手ゴール前まで一気にボールを運ぶカカーのドリブルは圧巻で、そこからのシュート、ラストパスで得点に結びつける。一方のセードルフは、ゲーム展開を読めるプレーメーカータイプでパスワークの軸になる。セードルフの作るタメは、味方が押し上げる時間を作っている。カカー、セードルフの2人は相手を背負ってもキープできる力があり、4－3－2－1の「2」を任せられる能力を有していた。フランス代表では泣きどころだった1トップには、ピッポ・インザーギが独特の得点感覚を発揮して得点源となった。ここもフランスとの大きな違いである。

ミランの戦術は攻守のオプションの幅が広い。カテナチオから総攻撃まで、メンバー交代なしで行えるマルチロールが大きな特徴だ。守備を固める際には、主にセードルフが中盤に引いて4人×2ラインを形成し、カカーが前線近くに残って4－4－1－1に近いフォーメーションになる。攻撃的にいく場合には、1トップ＋2トップ下の3人が敵陣深く攻め込み、さらに両サイドバックが上がってサイドアタックを仕掛ける。ピルロは前線をサポートして中央と両サイドを連結したり、攻撃エリアをスイッチする役割を果たす。ガットゥーゾ、アンブロジーニも攻撃を支援して、分厚く押し込む。

点差や時間帯、ゲームの流れに応じて、まるで2つのチームがプレーしているように色を変えていけるところに、ミランのトーナメント戦僅差勝負における強さがあった。

マンチェスター・ユナイテッドやアーセナルの若々しさとは対極の、老獪なチームである。長年、メンバーほとんどが変わっておらず、しかも平均年齢も高い。ビリー・コスタクルタやパオロ・マルディーニはサッキ監督時代からプレーしており、カフーやアレッサンドロ・ネスタ、セードルフも03年優勝の時点ですでにベテランだった。当時21歳のカカーも、07－08シーズンで6シーズンもプレーしている。メンバーが変わっていないために非常に熟成されていて、選手同士が〝あうん〟の呼吸でプレーできる。機械的なコンビネーションを導入する必要がなく、人のオートマティズムが活用できるのはミランの大きな強みになった。

選手を固定し、チームとして時間をかけて熟成していく手法はミラン独特である。もともとは資金面で苦しくなったことに原因があるのかもしれないが、ミラン・ラボと呼ばれる体調管理システムを早くから導入していたことも、ベテラン選手を長持ちさせた要因であろう。スター選手の獲得合戦からは一線を画して、チームを熟成させ、老練なプレーで僅差勝負を勝ち抜いたミランは、アーセナルともレアル・マドリードとも違ったクラブ戦略で成功を収めたわけだ。

ただし、やはりそれにも限界はある。07－08シーズンは国内リーグの序盤でつまずき、とくに得点力不足に悩まされた。チャンピオンズリーグもアーセナルの若さに押し切られて敗退している。机上論ではマルチロールのミランだったが、現実にはカカーに頼ったカウンターの形に強みがあるだけで、優勝した07年もほとんどそれで勝ち上がっていた。リードされるケースが少なかったからでもあるが、押し込んで攻め崩すときのサイドバックの攻撃力が今ひとつだった。カフー、マルディーニの両翼が全盛期のときはともかく、その後はサイドバックの人材を確保できなかったのが響いたのかもしれない。ＦＷもアルベルト・ジラルディーノが期待したほどの働きができず、テコ入れで獲得したロナウドも負傷のためにほとんどプレーできず。07－08シーズンの後半から満を持してアレシャンドロ・パトを起用したが、結局はインザーギに頼らざるを得ない状況が続いた。メンバーを固定してきたために、世代交代が間に合わなかった。おそらく、08－09シーズンからはメンバーの入れ替えが行われるはずだ。培ってきた〝あうん〟の呼吸もご破算になるかもしれないが、いずれこの時を迎えるのはわかっていたはず。新しいミランが、またしても戦術史に新たな局面を拓くのか注目したい。

Chapter 10

トータルフットボールの起源

The Origin of Total Football

終章となるこの章では、トータルフットボールの起源について触れてみたい。

それはオーストリアとハンガリーで、さらに源流はスコットランドに行き着く。ジョゼ・モウリーニョがスコットランドのコーチングスクールで学んでいたことはすでに記したとおりだが、トータルフットボールの起源を辿っていくと、不思議な縁や結びつきが次々に出てきて、自分でも調べていて少々驚いた次第だ。

戦術論からは離れるが、戦術史として20世紀前半からの流れを押さえておく必要があると思ったので、"Chapter 10"として補足した。では、オーストリアから。

紙男とヴンダーチーム

1939年1月23日、ウィーンのアパートで男女の遺体が発見された。男性はマティアス・シンデラー、女性はガールフレンドのカミラ・キャスタノラ。自殺だった。

シンデラーはオーストリア代表のエースで、〝紙男〟の異名を持つセンターフォワード。国際サッカー歴史協会によって、死後60年経過した99年、20世紀最高のオーストリア選手に選出されている。179センチと当時としては長身だったが、体重は63キロと細身の優男で、若くして痛めた右膝にはいつも包帯がまかれていた。だが、得点力とゲームメークの両面で飛び抜けた能力を発揮し、敵のタックルをかいくぐって、わずかな隙間を抜けていくプレースタイルから紙男のニックネームがついた。ほかに、〝フットボールのモーツァルト〟というのもある。シンデラーの自殺は、〝ヴンダーチーム〟と呼ばれたオーストリアの終焉を意味していた。

ヴンダー、つまり驚異のチームと呼ばれたオーストリアは、「トータルフットボール」という言葉ができる前に、トータルフットボールをプレーしたチームといわれている。

「我々が最初に始めたわけではない。30年代にはヴンダーチームがあった」

のちにアヤックスとオランダを率いてトータルフットボールの旋風を巻き起こしたリヌス・ミケルス監督は、そう語っている。

ヴンダーチームはスコットランドに5－0、ドイツに6－0、5－0、スイスに8－1、ハンガリーに8－2など、破格の強さを示していた。イングランドとはロンドンのスタンフォードブリッジで対戦し、3－4で惜しくも敗れたものの、試合内容は圧倒していた。もしこのとき勝っていれば、ハンガリーがサッカーの母国を相手に歴史的な初黒星をつける20年も前に快挙を成し遂げていたところだ。オーストリアは世界の強豪だった。

オーストリアが強豪といっても、現代の読者にはピンとこないだろう。しかし、ワールドカップが始まったばかりのこの時期、ヨーロッパのパワーは中央ヨーロッパにあった。オーストリア、ハンガリー、チェコスロバキア、それにイタリアとイングランドが当時の強豪国である。オーストリアは34年の中央ヨーロッパカップ（ミトロパ杯）に優勝して実力を知らしめた。ミトロパカップは、現在のユーロやUEFAチャンピオンズリーグの原型だ。そのミトロパカップ創設で中心的な役割を果たしたのが、ヒューゴ・マイスルという人物だった。サッカー史に大きな足跡を残している。オーストリア代表監督でもあった。

ヒューゴ・マイスルはボヘミアのユダヤ人として1881年に生まれた。銀行員だったが、ウィーンに転勤になるとともにサッカー熱に火がついてしまう。やがてオーストリア協会に入り、事務局長として類い希な手腕を発揮する。ミトロパカップを立ち上げ、オーストリアにプロリーグを作った。その一方、マイスルは12年のストックホルム五輪でレフェリーを務めるなど、サッカー界でのマルチタレントだった。彼の弟のウィリー・マイスルも高名なジャーナリストだ。

マイスル兄弟は他国の監督と交友を深め、イタリアのヴィットリオ・ポッツォ、イングランドのハーバート・チャップマンといった、当時のヨーロッパの頭脳ともいえる人々と議論を重ねた。ちなみにポッツォは34、38年のワールドカップを連覇したイタリア代表監督で、〝メトード〟と呼ばれるシステムの考案者だ。今日風にいえば2－3－2－3のフォーメーションだった。チャップマンはアーセナルの監督で、WMシステムの名とともに歴史に名を刻んでいる。WMは、その後40年間もスタンダードとなる史上最も影響力のあったシステムだ。

ヒューゴ・マイスルは、やがてオーストリア代表監督に就任して全盛期を築く。33、34年ミトロパカップでの優勝は、オーストリアが名実ともにヨーロッパ最強と認められた大会だった。34年は決勝が行われたトリノでイタリアを破っている。同年に開催されたワールドカップでも、もちろん優勝候補と目されていた。

イタリア大会は16チームによるノックアウト制で行われ、オーストリアは緒戦でフランスを下し（3－2）、準々決勝で宿敵ハンガリーを2－1で退ける。準決勝の相手は開催国イタリア。試合当日の雨でグラウンドは泥沼化し、オーストリアは得意のパスワークを発揮できないのが響いた。頼みのエース、シンデラーはルイス・モンティの暴力的ともいえるハードマークに抑えられてしまう。モンティは4年前の第1回大会にはアルゼンチン代表として出場、決勝の舞台を踏んでいたが、このときはイタリア人となっていた。

元アルゼンチン代表のイタリア人はモンティだけでなく、この試合で決勝の1点を決めたグアイタもそうだ。彼ら帰化選手は〝オリウンディ〟（移民）と呼ばれ、イタリアの外国人選手取り込みは、このころから始まっていた。現在は代表歴のある選手が他国の代表選手となることは禁じられているが、06年ワールドカップの優勝メンバーであるカモラネージもアルゼンチン出身の〝オリウンディ〟といえる。

オーストリアは0－1でイタリアに敗れた。しかし、決勝点はGKを押してゴールインさせた眉唾ものの得点だった。イヴァン・エクリンド主審は決勝も担当、この決勝でもイタリアが勝ったことから疑惑はいっそう深まった。当時、イタリアがムッソリーニ政権下の独裁国家だったことも疑いの目を向けられた背景であろう。

2年後の36年ベルリン五輪でも決勝でイタリアに敗れ、ヴンダーチームはついにミトロパカップ以上のメジャータイトルを獲得することはできなかった。

38年、第3回ワールドカップ・フランス大会では予選を勝ち抜いたものの、ヴンダーチームはそこで消滅してしまう。ナチス・ドイツに国が併合されてしまったからだ。ドイツはヴンダーチームの選手たちをドイツ代表として招集する。34年ワールドカップで、イタリアに敗れて精根尽きたオーストリアを、ドイツは3位決定戦で破っていた。しかし、ヴンダーチームの実力を知っていたため、ドイツにオーストリアの精鋭を加えて最強チームを作ろうとしたのだ。だが、この混成チームはかえって混乱を招いた。ドイツ代表監督のゼップ・ヘルベルガーにとって与えられた時間はあまりにも短く、ヴンダーチームのメンバーを加えたドイツは1次リーグで敗退してしまう。これはワールドカップにおける、ドイツ史上最低の成績となった。

マティアス・シンデラーはドイツからの招集に応じなかった。体調不良や高齢を理由に辞退を繰り返す。ユダヤ人の血を引くシンデラーは、かつてのチームメートがドイツ代表としてプレーする姿に失望していたという。選手たちを守る立場だったヒューゴ・マイスルはすでに他界していた。もっとも、マイスルがいてもどうにもならなかったかもしれないが。

ドイツの招集に応じないシンデラーには、世間から非難が向けられていたに違いない。イタリアの〝オリウンディ〟も、実はイタリア代表でのプレーには乗り気ではなかった。ポッツォ監督の「イタリアのために死ねるなら、プレーできるはずだ」という恐喝まがいのひとことで強引に取り込んでいる。

ついにドイツ代表のジャージに袖を通すことなく、シンデラーは35歳で自らの命を絶った。当初、一酸化炭素中毒による事故と発表されたが、その後の友人たちの証言から自殺と考えられている。また、一部には謀殺説もある。

シンデラーは1度だけ、ドイツの要請に応じてプレーした。38年4月、死の10カ月前。統一ドイツvs旧オーストリアという試合だった。シンデラーは旧オーストリアチームの一員として参加、ナチス側の「統一ドイツを勝たせるように」という指示を無視して1ゴールを決め、旧オーストリアを2－0の勝利に導いている。

マイスルとホーガンが出会うとき

ヴンダーチームは「トータルフットボール」をプレーしていたという。

その監督が、ヨーロッパサッカー史上でも希有なマルチタレント、ヒューゴ・マイスルだったことはすでに記した。しかし、戦術面で大きな影響を与えたのは、むしろ別の人物であった。

1912年の夏、マイスルは1人の英国人と出会う。その人物を紹介してくれたのは、レフェリー仲間のジェームス・ハウクロフトだった。ドイツ語、英語、チェコ語、イタリア語を流暢に操るマイスルは実に顔が広い。無類のアイデアマンでもあり、トッテナムvsエバートンというイングランドクラブ同士の試合をウィーンで開催するという、現在のプレミアリーグも顔負けのイベントすら成功させていた。協会事務局長と代表監督を兼務しながら、国際試合の主審を45試合も担当する第一級の審判でもあった。レフェリーは、マイスルにとって「趣味」だったそうだが。

レフェリー仲間のハウクロフトがコーチとして推薦してきた男は、ジェームス・ホーガンと名乗った。トータルフットボールの父と呼ばれることになる〝ジミー〟・ホーガンである。

ホーガンはランカシャー生まれ、当時30歳。マイスルの1つ年下だ。アイルランド人の両親を持ち、選手としてバーンリー、ボルトン、フルハム、スウィンドンでプレーした。技巧派のインサイドフォワードだったらしいが、08年のFAカップでベスト4に進出（フルハム）したのが唯一の輝かしい経歴である。コーチ業を志したのは、ボルトンのオランダ遠征がきっかけだったという。ボルトンはドルドレヒトに圧勝したのだが、なぜかホーガンは「彼らにプレーのやり方を教えたい」という熱い思いを抱いた。

単身ヨーロッパ大陸に渡ったホーガンは、ハウクロフトの〝つて〟でドルドレヒトのコーチとなり、すぐにマイスルを紹介してもらった。マイスルは、若い英国人をオーストリア協会のコーチに雇うことにする。

まず、ウィーンFCの指導に行ってみると、何と選手たちは朝の5時半に集合してホーガンを待ち構えていた。サッカーの母国からコーチが来る、ウィーンの選手たちは英国人が何を教えてくれるか興味津々、新しい知識とトレーニングを吸収しようとやる気満々だったのだ。驚いたのはホーガンのほうである。生半可なことではダメだと悟った彼は、徹夜で翌日からのトレーニングの内容を修正したという。

このころのイングランドは圧倒的に強かった。ヨーロッパ大陸に遠征すると、たいていは2桁のスコアで圧勝している。大陸の人々にとって、イングランドのサッカーは仰ぎ見るような存在だった。

ただし、ホーガンの戦術理論はスコットランド流だ。フルハム時代のスコットランド人監督、ジョク・ハミルトンの影響を強く受けている。ハミルトン監督のフルハムのプレースタイルは〝スコティッシュ・パッシングゲーム〟と呼ばれたショートパス主体の攻撃的な戦法で、スコットランド流パスゲームというぐらいだから、イングランド流とは違っている。イングランド流は、ロングボール戦法だ。

世界初の国際試合、1872年11月に行われたスコットランドvsイングランドで、すでに両者の戦術は対照的だったという。19世紀のサッカーは、今日からみればとてつもなく攻撃的だった。というより、守備戦術そのものがなかったといっていいかもしれない。イングランドは自陣に1人か2人を残し、あとは敵陣に殺到していく。可能なかぎり敵陣へ大きくキックし、それを追う、そしてさらにキックする。あるいはドリブルで到達できるところまで突進していく。サッカーというよりラグビーに近い戦法だったと想像される。

一方、スコットランドは味方同士でペアを組み、パスをつないでいった。イングランドの選手は、あまりにも予想外なゲームの進め方に戸惑ったという。現代のサッカーに近いのはスコットランドのほうだったようだ。奇妙なことに、互いに恐ろしく攻撃的な戦法にもかかわらず試合は0－0で終わっている。

20世紀に入っても、イングランドのサッカーはロングボールを駆使した荒々しい戦法が主体だった。だから、フルハムのパスゲームはスコットランド流と呼ばれていたわけだ。ボルトンへ移籍したホーガンは、イングランド流のやり方に馴染めなかった。クラブと喧嘩別れするように選手生活に見切りをつけ、コーチをやるのにわざわざドーバー海峡を渡っている。ホーガンの見立ては、正しかったのだろう。30年後に母国に戻ってフルハムやアストン・ビラの監督を務めたが、さしたる戦績を挙げていない。フルハムでは、選手たちに練習法や戦術を拒否されているぐらいなのだ。最初に、ヨーロッパこそ活躍の場と見定めたのは正しい選択だったわけだ。

さて、ウィーンでホーガンが教えたのは、ショートパスをつなぐスコットランド流のプレーススタイルだったのだが、そこに「スペース」の概念を持ち込んでいる。短いパスの連続と同時に、絶え間ないポジションチェンジを要求した。スペースといっても、漠然とロングボールを蹴り込んでいくイングランド式ではなく、いわゆる「人とボールが動くサッカー」だ。パス＆ムーブの連続でスペースを作り出し、意図的に作り出したスペースを利用し、最後にはフィニッシュへ結びつける。このスタイルでプレーするには、まずテクニックが不可欠だ。それは戦術眼を伴った「スキル」と表現したほうが適切かもしれない。さらにポジションを変わることで、ある程度のオールラウンド性も要求される。パスワークのためのスキルとラン、そしてポジションチェンジとマルチロール。この点が、トータルフットボール以前に存在したトータルフットボールといわれる所以であろう。

ホーガンの有名なデモンストレーションとして、自分に向かって力一杯キックさせたボールをワンタッチでコントロールしてみせるというものがあった。スキルの重要性を認識させるためだ。また、食事制限を提唱したのも、当時としては極めて新しかった。

ジミー・ホーガンとオーストリアのファーストコンタクトは、1912年からの2年間にすぎない。だが、彼の教えはオーストリアサッカーの基礎となって受け継がれていく。14年に第一次世界大戦が勃発してもホーガンはウィーンに留まっていたが、ある日突然、警察が踏み込んできて逮捕されしまった。ヒューゴ・マイスルが裏から手を回して、何とかホーガンを刑務所から救い出したものの、これ以上ウィーンにいるのが危険なのは明白だった。ホーガンはブダペスト行きの汽車に乗り、MTKクラブのコーチとなる。外国人に対する扱いにおいて、オーストリアよりもハンガリーのほうがずっと寛大だったからだ。

ホーガンを得たMTKは、14～25年の間、中止になった2シーズンを除いてすべてのリーグ戦に優勝した。10連覇である。オーストリアサッカーの礎を築いた後、ハンガリーでも大きな足跡を残したわけだ。

その後もホーガンはヨーロッパ各国を流れていく。まるでトータルフットボールの伝道師である。スイスでヤングボーイズ・ベルンやセルベッテを指導した後は、いったんハンガリーに戻り、再びスイスへ。24年パリ五輪に臨むスイス代表チームを指揮するコーチングスタッフに加わった（このときのスイスは監督3人制だった）。本大会の決勝まで進んだが、決勝でウルグアイに敗れている。

スイスでのミッションを終えたホーガンは、オーストリアに戻る。かつて撒いた種は豊かに実り、彼は盟友マイスルとの名コンビでヴンダーチームの誕生をみることになった。36年のベルリン五輪では銀メダルを獲得。ただ、ホーガンは途中でオーストリアとの関係を維持しながら母国へ帰っている。34年にフルハムの監督に就任、しかし31試合を消化した時点で病気を患い、回復後には彼の椅子はなくなっていた。ベテラン選手たちはホーガンの指導方法や戦術に反発していたという。

フルハムでは失敗したが、アストン・ビラではクラブ史上初めて2部落ちしたチームを1部へ昇格させ、FAカップ準優勝の好成績を収めた。だが、まもなくヨーロッパは第二次世界大戦に突入してしまった。

母国イングランドの盛衰

1939年、FA（イングランド協会）はリーグ戦を中止し、地方大会のみの開催に切り替えた。開戦とともに18~40歳の男子は徴兵対象になったため、ロンドンのアーセナルのようなクラブではプロ選手が不足する状況であった。40年のクリスマスに行われたノーリッジvsブライトンなどは、ブライトンが5人しか選手を用意できず、ノーリッジの控え選手と観客からの急造選手を加えてやっとキックオフするありさまだった。

しかし、戦時下でも試合を続行しようと努力は続けられ、イングランドリーグは46年に再開されている。ナショナルチームの活動も継続され、スコットランドとのホームインターナショナルは戦争中も続けられていた。イングランドはスコットランドを8－0で破るほど強力で、リスボンに遠征してポルトガルに10－0、トリノでイタリアに4－0と快勝している。

40年代末、イタリアも強力なチームを擁していた。イングランドに0－4で敗れたのは、イングランドの出来がよすぎたからで、実力的には遜色ないと評価されていた。その中心がリーグ4連覇のトリノだった。キャプテンのバレンティノ・マッツォーラを筆頭に、ヨーロッパでもトップクラスのメンバーを擁していた。代表チームにも10人の選手を送り出している。このトリノは、イタリアサッカー史上に残る伝説的なチームだ。

ところが、49年5月4日の航空機事故で壊滅的打撃を受けてしまう。ポルトガルからの帰途にあったチャーター機は着陸寸前にスペルガ教会に接触、墜落して乗員乗客全員死亡。難を逃れたのは、リスボンでの試合で負傷したために、そのまま現地の病院にいて搭乗していなかった選手1名だけであった。この飛行機事故は、マンチェスター・ユナイテッドの〝ミュンヘンの悲劇〟、ザンビア代表チームが壊滅した事故と並ぶ、サッカー界の3大航空機事故で〝スペルガの悲劇〟

として知られている。

1950年、ワールドカップが再開された。開催地はブラジル。イングランドが初めて参加している。戦争の影響が少なかったブラジル、ウルグアイの南米勢とともに、イングランドは当然の優勝候補だった。オーストリアも戦前の印象から下馬評が高かったが、実際には選手がすっかり入れ替わっていてヴンダーチームの面影はなかった。

イングランドは緒戦でチリを2－0で退けたが、第2戦では何と米国に敗れる大番狂わせ。最後の試合もスペインに0－1で敗れ、1次リーグで敗退してしまった。米国に敗れたのはサッカー史上最大級のジャイアントキリングといっていいだろう。ロンドンで、米国1－0イングランドの電報を受けた担当者は、スコアが逆で、しかも10－0の間違いではないかと疑っていたという。

だが、実はイングランドの弱体化はすでに始まっていたようだ。スウィフト、ロートン、マニオンといった名手たちがピークを過ぎて引退すると、彼らの後継者は育っていなかった。また、代表チームの編成にも大きな問題があった。監督のウォルター・ウィンターボトムには全権がなく、選手選考はFAの選考委員会が行っていた。選考委員会は、スタンレー・マシューズとトム・フィニーを交代で起用する愚策を採用している。マシューズとフィニーは、ともにこの時代を代表する右ウイングだった。フィニーは左サイドでもプレーできたので、2人の併用は可能だったのだが、選考委員会はなぜか交互に使うという方針を打ち出している。

ワールドカップ敗退のショックは、それほど後を引かなかった。イングランドはホームでユーゴスラビア、オーストリアに2－2で引き分け、アルゼンチンには終盤まで0－1で負けていたのをひっくり返して2－1の際どい勝利と、決して楽観できる状況ではなかったにもかかわらず、ウィーンでオーストリアに3－2で勝つと、それまでの不出来はさっぱりと忘れられた。アウエーでオーストリアに勝ったのだから大丈夫、問題ないという理屈。ただ、このときのオーストリアはもうかつてのオーストリアではない。イングランドもかつてのイングランドではなかったのだが、その点がわかっていなかったようだ。

20世紀初めから30年代までは、イングランドが圧倒的に強かった。遠征すれば2桁得点も当たり前。英国以外の国で、最初にイングランドを破ったのはスペインであった。それは25年にマドリードで行われたゲームで、スコアは4－3。GKのリカルド・サモラの大活躍が語りぐさとなっている。ちなみに、現在でもスペインリーグ年間最少失点のGKは〝サモラ〟と呼ばれている。プロ野球の〝沢村賞〟みたいなものだ。これ以降、第二次世界大戦までにイングランドが敗れた相手は、オーストリア、ベルギー、フランス、ハンガリー、チェコ。しかし、いずれもアウエーで、大陸のチームにホームで敗れたことはなかった。

ところで、イングランドとヨーロッパ諸国の差はどこで縮まったのだろう。04年の遠征時では、オーストリアに11－1、ハンガリーに7－0、その4年後にも8－1、8－4。この時期はまるで勝負になっていない。それが約20年後にはスペインがイングランドに勝ち、38年にはオーストリアが2－1で勝っている。このときのオーストリアの勝利には裏話があって、例のヒューゴ・マイスルが登場する。マイスルはイングランドの選手たちが宿泊するホテルにやって来て、観光案内を買って出た。暇をもてあましていたイングランドの選手たちが誘いに飛びついたのはいいが、マイスルはあちこちと街中を連れ回し、翌日の試合で選手たちはすっかり疲れていたというオチだ。この遠征では、続くベルギー戦も落としている。試合前日に相手チームの監督に誘われて10キロも歩き回るなど、今の感覚では考えられないことだが、当時のイングランド代表の意識はその程度だったのだ。また、それまではその程度でも楽勝していた。

イングランドと他国の差が縮まったのは、第一次世界大戦を境にしている。大戦後、イングランドはFIFAを脱会した。このためにヨーロッパ各国や世界のサッカーの流れに疎くなってしまったのが原因の1つだといわれている。大戦後に敗戦国を受け入れるかどうか、そこでFAとFIFAの意見が分かれたのが亀裂の始まりだった。ともあれ、FIFAを脱会した1919年から、徐々にイングランドは後退を始めたようだ。

当時のサッカー専門誌『アスレチック・ニューズ・フットボール・アニュアル』の編集長は二代にわたって、〝イングランドの技術の低下〟を問題にしている。さらに、代表チームに対する真剣さも問題の1つだった。例えば、イタリアなどは長期の合宿で代表チームを鍛えていたのに、イングランドは常設の代表監督が存在せず、練習も試合前日だけということが普通だった。遠征でも、マイスルの計略に引っかかったオーストリア戦の例のように、チーム管理もずさんといわざるをえない。ヨーロッパでは、少しずつ何かが変わり始めていたのに、イングランドは旧態依然としたまま、徐々に差を詰められていった。

ただ、英国民の大半はその事実に気づいていなかった。なぜなら、ホームでは強かったからだ。イングランドを敵地で倒す。これが世界中のチームにとっての目標で、夢だったといっていい。最初に肉薄したのは32年、ヴンダーチームのオーストリアだった。次の挑戦者はワールドカップ優勝のイタリア、34年にハイバリースタジアムで壮絶な消耗戦をやったが、オーストリア同様に2－3で敗れた。イタリアのモンティは、イングランドのテッド・ドレイクと壮烈な当たり合いを繰り返し、右足を骨折してしまう。タフなモンティはそれでもしばらくプレーを続け、次第にポジションを変えて最後はウイングで接触を避けていたが、とうとう「病院にポジションチェンジした」（イタリア・ポッツォ監督）。モンティはこの負傷により、選手生命を終えることになった。

11～12月といえば、ロンドンは曇天と雨が多くピッチは泥沼化していた。イングランドへ挑戦するチームは、まず悪コンディションと戦う必要があった。さらに厄介なのが、ルールの違いである。同じルールでやっているはずなのだが、イングランドと大陸では全く解釈が違っていたのだ。大きな相違点は、まずＧＫに対するチャージである。大陸ではボールを持っているＧＫにチャージするのはファウルだが、イングランドではＧＫへのチャージはごく普通に行われていた。さらに、背後から相手の足を蹴ることも許されていた。大陸側では考えられないルールだが、イングランドはそれが当たり前で、彼らにとってサッカーはぶつかり合う〝男のゲーム〟だった。激しい当たり合いもなしで、バスケットボールのようにパスを交換する大陸風のやり方は、イングランド人から見れば弱々しく陰湿な印象だったという。

2つの戦争が、イングランドを徐々に蝕んでいた。もともとイングランドには監督がいない。戦術の決定や練習の指揮を執るのはキャプテンの仕事だった。マネジャーはいたが、こちらはグランドの確保や試合のアレンジなど事務方の担当者。今日でも、イングランドの監督がマネジャーと呼ばれることが多いのは、もともとそういう仕事だったからだ。ジミー・ホーガンのようなトレーナー型の監督は稀で、マンチェスター・ユナイテッドの伝説的な監督だったマット・バスビーは〝トラックスーツ・マネジャー〟と呼ばれて、珍しがられていたものだ。トラックスーツは日本でいうジャージ、イングランドの監督はジャージよりも本物のスーツ姿でいることが普通だったわけだ。戦術は監督に教わるものではなく、選手から選手へ、世代から世代へ受け継いでいくものだった。ホーガンが、イングランドで成功しなかったはずである。その「世代の継承」が二度の戦争で断絶した。

一方、ヨーロッパ大陸はジミー・ホーガンをはじめ、英国出身のコーチの教えを請い、監督の指導の下にチームプレーを練り上げていく形で発展してきた。戦争によってキャリアのピークを過ぎてしまった選手はいたけれども、戦後、新たな監督やコーチの下で再スタートを切ることができたのである。これもイングランドと大陸の差が縮まった理由だろう。

差は縮まっている、警鐘を鳴らす者もいた。だが、ＦＩＦＡを脱会していたイングランドは30年にスタートしたワールドカップに参加することもなく、第二次大戦終了後までこの大会に出場していない。それ以前の強さが半ば伝説化していたため、明らかに自分たちの力を過信していた。50年にブラジルで行われたワールドカップに初参戦して1次リーグで敗退しても、その後にオーストリアを破ったことで自信を回復していた。ブラジルで米国に負けたのも、何かの間違いだったという程度の認識で片付けてしまったようだ。しかも彼らはオーストリアを過大評価していた。もはやヴンダーチームは消滅しており、オーストリアはヨーロッパ最強ではなかったのだ。最強チームはハンガリーに変わっていた。

マジック・マジャール

１９５３年11月25日、ロンドンのウェンブレースタジアムは10万人の大観衆を呑んでいた。イングランドvsハンガリー、サッカーの母国がヨーロッパ大陸に敗れる日が来た。

キックオフから90秒、ハンガリーのセンターフォワード、ナンドール・ヒデグチが先制ゴール。イングランドは13分にジャッキー・セウェルが決めて１－１とするが、すかさずヒデグチがクリアミスを拾って２－１。さらにフェレンツ・プスカスが２点を追加して４－１。スタン・モアテンセンが食い下がって４－２としてハーフタイム。

点差は2点だが、内容は一方的だった。後半に入ると、ヨゼフ・ボジクとヒデグチが加点して6－2。終了間際にアルフ・ラムゼーがPKを決めて6－3とするがそれまで。シュート数はハンガリー35本、イングランドはわずかに5本だった。

このゲームは〝世紀の一戦〟と報道された。1877年にスコットランドに1－2で敗れたことはあるが、ヨーロッパのチームにホームで負けたのは初めてだったからだ。しかし、それ以上に、完膚無きまでに叩きのめされたことがニュースだったのである。イングランドサッカーにとって、まさにトラウマになった試合だった。

この試合には役者が揃っていた。イングランドにはキャプテンの名手ビリー・ライト、ベテランのスタンレー・マシューーズ、そして後に代表監督となり66年ワールドカップで初優勝をもたらすアルフ・ラムゼー。スタンドには、やはり代表監督となるロン・グリーンウッド、ボビー・ロブソンがいて、彼らは大きな衝撃を受けている。レフェリーはオランダ人のレオ・ホーン。この人は、史上最も評価の高いレフェリーの1人だ。

ある試合で、出迎えたホーム側の役員から車の中で札束を渡されたが、必要経費を差し引いてその場で返却したというエピソードを本人が語っている。また、荒くれで有名だったイングランドのある選手に対して、試合中に呼びつけ、「お前が何をしようとしているかはわかっているぞ。次は相手に触っただけでも即座に退場にするからな」と脅しつけ、すっかり大人しくさせたという武勇伝もある。アヤックスでクライフとともに黄金時代を築くピート・カイザーを事務所に雇っていた。学校を退学して、アヤックスに自分で売り込んで入団したカイザーの才能を見込んで、生活のめんどうをみていたようだ。

ただ、メインの役者は何といってもハンガリー人たちだ。フェレンツ・プスカスは50年代のマラドーナである。ずんぐりした左利きのレフトインナーで、プレーメーカー兼ゴールゲッター。サッカー史上でもトップクラスのスーパースターであり、「ペレ、クライフ、マラドーナより上」という評価もある。イングランド戦では3点目に直結したフェイント、〝ドラッグ・バック〟がハイライトとなっている。左足の裏でボールを引いてビリー・ライトを見当違いの方向へ走らせ、直後に豪快なシュートを叩き込んだ。この引き技は、後の〝クライフ・ターン〟やジダンの〝ルーレット〟の先駆けとなる、有名なフェイントモーションだ。

プスカスの他にも、ヘディングが得意で抜群の得点能力を誇るサンドル・コチシュ、ウェンブレーでハットトリックを達成したナンドール・ヒデグチ、国会議員になる頭脳明晰なヨゼフ・ボジク、快足ウインガーのゾルタン・チボールなど、錚々たるタレントが並んでいた。個人能力の点で、イングランドよりも数段優れていたのだ。ただし、10万観衆が度肝を抜かれたのは、マジャール人の華麗な足技だけではなかった。

戦術的に、イングランドはあまりにも無防備だったのだ。イングランドのフォーメーションはWMだった。当時は、どのチームもWMシステムを採用している。ところが、ハンガリーの配置はやや異なっていた。センターフォワードのヒデグチは中盤に引いてボールを受け、空いたスペースへインサイドフォワードのプスカス、コチシュが入り込んでくる。ストライカーは9番（センターフォワード）ではなく、むしろ8番、10番（インサイドフォワード）だった。マンツーマンでマークしていたイングランドは、これですっかり混乱してしまった。ハンガリーはハイテンポのパスを回しながら、常にポジションを入れ替える、極めて流動性の高い攻撃を繰り返した。

ポジションを固定的にとらえていたイングランドの選手、そして観衆も、このやり方は非常に斬新に映った。〝他の惑星から来たチーム〟という表現がしきりに使われるのだが、それほど衝撃的だったのだろう。

事前にハンガリーを過小評価していたのも、ショックを大きくした。並んで入場する際、ライトはハンガリーの選手たちが妙なシューズを履いているのを見つけ、チームメートのモアテンセンに「どうも、用具もまともに揃えられないらしいな」と、ジョークを飛ばしている。ハンガリーが履いていたのは、実は今風のスパイクだった。ところが、ハイカットの頑丈なブーツに慣れ親しんでいた英国人のライトには、それが「スリッパみたいな頼りない靴」にしか見えなかったそうだ。彼らはプスカスを知らず、用具の進歩を知らず、ハンガリーの戦法についても知らなかった。

ウェンブレーで叩きのめされたイングランドは、翌54年5月23日にブダペストへ乗り込む。今度は、ウェンブレーのときよりも走力のある若い選手を選抜した。選考委員会には、ハンガリーに走り負けているように見えたのだ。だが、若くて運動量豊富なチームは、未熟で技術の足らない集団であることを露呈してしまう。ネップ・シュタディオンでのゲームはウェンブレーより悲惨で、スコアは7－1だった。この6点差負けは、現在までイングランド代表が喫した敗北のうちでも最悪の記録となっている。

ハンガリーもまた、トータルフットボールの先駆けであった。

センターフォワード、ヒデグチの役割は後のヨハン・クライフとよく似ている。ヴンダーチームにおけるマティアス・シンデラーも技巧派だったが、ヒデグチもその系譜を継ぐ選手だった。このヒデグチの動きに連動して、プスカスとコチシュが飛び出すのがパターンだったが、それ以外にも各所でパスワークとポジションチェンジが行われた点も、74年オランダの〝モデル〟と呼ばれる所以だ。ウィリー・マイスルが「渦巻き」と書いたローテーションアタックである。ウイングは引き気味で、インナーが前へ、センターフォワードが後方へという前線の形は、従来のWとは逆のM、またはU字型であり、実質的には4－2－4だった。

〝マジック・マジャール〟として知られるハンガリーの快進撃は、52年ヘルシンキ五輪優勝から始まる。ミトロパカップも制し、53年にはイングランドを破り、54年ワールドカップ・スイス大会に出場するころには優勝候補筆頭であった。34年大会でも決勝に進出しているから、30年代からハンガリーは強豪国の1つだったが、プスカスらの世代は50年から4年間無敗のうえ、1試合平均4ゴール強という桁違いの破壊力を示していた。往時を見たジャーナリストの中には、このときのハンガリーこそ史上最強と断言する記者も少なくない。

斬新な戦術のパイオニアは、MTKの監督だったマルトン・ブコビだったといわれている。MTKにはヒデグチ、ペーター・パロタシュ、ジョゼフ・ザカリアス、ミハリ・ラントスと4人の代表選手を擁していた。ところが、攻撃の中心となるヒデグチとパロタシュはインナーで、典型的なセンターフォワードがいなかった。そこで、ヒデグチかパロタシュを〝偽のセンターフォワード〟に起用した。この手法は、レアル・マドリードでアルフレッド・ディステファノがバージョンアップし、さらにヨハン・クライフが踏襲するが、現在でもASローマの〝ゼロ・トップ〟においてフランチェスコ・トッティが演じている。

また、ハーフバックのザカリアンはほぼディフェンスに入っていたため、DFも3人というより4人に近くなった。ヒデグチとザカリアンのポジションは、そのまま代表チームにも転用され、戦術もMTKのものが使われたという。一方、ハンガリー代表の戦術は、この時代の大半の代表選手が所属していたホンブドで生まれたという説もある。こちらにはプスカス、コチシュが所属していて、彼らのトレーニングでの連係をアレンジしたものだという。

いずれにしても、当時のハンガリー代表がホンブドを中心としていた点は見逃せない。これは、スポーツ省次官であり実質的に代表監督だったグスタフ・セベシュが、有力な選手を分散させないように集めたことによる。テレパシーで交信するようなコンビネーションは、日常のトレーニングから生まれていたのだ。ウェンブレーで敗れたイングランドは、代表チームの作り方をハンガリーに学んでいる。66年ワールドカップ時のラムゼー監督は、ウエスト・ハムの3選手（ジュフ・ハースト、マーチン・ピーターース、ボビー・ムーア）を活用し、そのウエスト・ハムの監督だったロン・グリーンウッドは、自分が代表監督に就任するとリバプールから大量7名を招集した。

さて、54年スイスワールドカップに出場したハンガリーは、緒戦で韓国に9－0、西ドイツに8－3と圧勝して準々決勝へ進む。そこでやはり優勝候補のブラジルと激突、4－2で退けたが、この試合は〝ベルンの戦い〟と呼ばれる殺伐としたけずり合いで、試合後にロッカールームで両軍が乱闘する騒ぎに発展してしまった。準決勝のウルグアイ戦は2－2で延長にもつれ込む接戦になったものの、何とか4－2で競り勝つ。

決勝の相手となった西ドイツは、1次リーグで対戦して圧勝している。下馬評もハンガリーの圧倒的優位。5分にプスカス、9分にはチボールが決め、早々に2点のリードを奪って決勝も楽勝かと思われた。ところが、ここから西ドイツの反撃が開始され、11分にモーロックが返して1点差、18分にラーンが入れてたちまち2－2。そして、84分にもラーンがゲットして西ドイツが3－2で逆転優勝する。ハンガリーが4年間で喫した1敗は、ワールドカップ決勝と高く付いた。負傷していたプスカスを出場させたのが、1つの敗因だったようだ。当時は選手交代は認められておらず、ハンガリーは実質10人だった。

ワールドカップ後も、ハンガリーは18戦無敗。その間、ホームのソ連に初めて土をつけている。56年にイスタンブールでトルコに負け、その年のハンガリー動乱でマジック・マジャールは空中分解した。動乱はホンブドの遠征中に勃発し、アスレチック・ビルバオとのチャンピオンズカップ戦の途上にあったチームから、プスカス、コチシュ、チボールが帰国せず、そのまま西側に亡命した。サッカーと関係のない外的な要因でチームが分解、あるいは消滅した点は、ヴンダーチームのオーストリアと同じだ。

プスカスはレアル・マドリードに入団し、ヒデグチ型のセンターフォワードだったディステファノとの名コンビでレアルのチャンピオンズカップ5連覇に貢献する。コチシュ、チボールはバルセロナで活躍した。余談だが、このときのバルセロナにはラディスラオ・クバラというハンガリー人の大スターがいる。ただし、第二次大戦のときに亡命したクバラはマジック・マジャールの一員ではない。ソ連兵に扮装して国境を越えたというエピソードの持ち主で、さらに亡命先のイタリアでは全盛期のトリノと関係し、スペルガの悲劇で墜落した飛行機にはクバラも乗っているはずであった。トリノがポルトガルに行ったのは、ベンフィカの選手の引退記念試合のためで、クバラも招待されていたのだ。だが、彼は息子の急病でリスボンに行かなかった。

もう1つ余談。ハンガリー黄金時代の実質的な指揮官はグスタフ・セベシュだったと書いたが、監督はジュラ・マンディという人物だった。マンディはMTKでプレーし、セベシュはそのときのチームメートである。また、このときのMTKにはベラ・グットマンもプレーしていた。後にベンフィカを率いて、チャンピオンズカップに連覇する名監督だ。グットマンの経歴はジョゼ・モウリーニョを想起させる。米国でプレーしたり監督をしたのも変わっているが、ACミランでは首位にいたのに解任され「俺は犯罪者でもホモでもないのに解任された、さようなら」と記者会見で有名な捨て台詞を吐いている。それ以上に有名なのは、やはりクラブ幹部と衝突してベンフィカを辞めたときだ。

「これから100年を待たずにポルトガルからヨーロッパチャンピオンは出るだろう。だが、私が辞めた後、ベンフィカがチャンピオンになることはない！」

予言どおり、ベンフィカは5回もファイナルへ進みながら、ついに1度も優勝していないため、〝グットマンの呪い〟と呼ばれている。このグットマン、マンディ、セベシュの3人がマジック・マジャールの指導陣だった。

興味深いのは、マンディとグットマンは58年にブラジルへ渡っていることだ。ヨーロッパ人がブラジルで監督になった珍しい例なのだが、そのときにハンガリー式のプレーを教えたといわれている。マンディはアメリカの監督になり、グットマンはサンパウロを率いて優勝している。このときのサンパウロには、ずっと後に来日して読売クラブの指導をするジノ・サニがプレーしていた。ブラジルでハンガリーの2人の監督によって導入されたのが、ハンガリー代表で採用したMMシステム、つまり4－2－4なのだ。58年ワールドカップでブラジルが用いて有名になり、このときから数字の羅列でフォーメーションを表すようになるのだが、その原型はハンガリー人がもたらしたといわれている。

グットマンはポルトガルへ渡り、ベンフィカの監督として61、62年のチャンピオンズカップを勝ち取る。61年はバルセロナ、翌年はレアル・マドリードを決勝で破っている。61年にレアルの6連覇を阻んだのが、準決勝で対戦したバルセロナであり、そこにはクバラ、チボール、コチシュのハンガリー人がいた。レアルにはプスカスがいた。さらに決勝でバルセロナを破ったベンフィカのグットマン監督もハンガリー人だった。このあたり、ヨーロッパサッカーの頂点はハンガリー人に左右されていた感さえある。

さて、勘のいい読者はすでにお気づきだろうが、ここで出てきた人物やチーム、単語をつなぐ1人の人物がいる。グットマン、セベシュ、マンディ、MTK、ハンガリー、渦巻き、コンビネーション、ショートパス…。MTKの全盛期を導いた英国人のことだ。

53年11月25日、ハンガリーが6－3でイングランドに歴史的勝利を挙げ、騒然となったスタジアムは、やがて惜しみない喝采を勝者へ送った。ハンガリー協会のサンドロ・バルク会長は試合後に言った。

「フットボールについて我々が知っていることのすべては、ジミー・ホーガンが教えてくれたのですよ」

ウェンブレースタジアムには、ホーガンもいた。アストンビラのユース選手を引率して観戦していた。当時71歳。かつてヴンダーチームを率いたホーガンは、MTKの黄金時代を築いている。マジック・マジャールの指導陣は彼の教え子だった。そして、ショートパスとポジションチェンジのサッカーは、まさに彼がヨーロッパにもたらした戦術であった。ジミー・ホーガンは91歳まで生きている。世を去ったとき、ヨーロッパ各国から弔辞が寄せられた。ドイツ協会からは〝成功の礎だった〟という言葉が贈られている。ホーガンはドレスデンでも指導し、74年ワールドカップに優勝するヘルムート・シェーン監督はそのときの選手だった。また、スコットランドのセルチックではロン・アトキンソン（マンチェスター・ユナイテッド、アストンビラの監督）に影響を与えた。むしろ、ジミー・ホーガンを知らなかったのは同国人のほうだったかもしれない。

ジミー・ホーガンが世を去った1974年、オランダがトータルフットボールをひっさげて登場する。

おわりに　サッカーはいつでも古くて新しい

1990年代からの戦術の変化は、フォーメーションではなく質的な変化だった。

それまでもフォーメーションと戦術の本質的な変化はイコールではないが、90年代以降はとくにフォーメーションと戦術はイコールではなくなっている。

4－3－3は70年代の普及型フォーメーションだったが、例えば74年ワールドカップのオランダとブラジルがともに4－3－3だったからといって、戦術的に同じチームとはいえない。80年代のミランとリバプールの4－4－2も似て非なるものだ。そうした違いの根本にあるのはフィロソフィー（哲学）の違いである。また、システムの違いでもある。システムとは勝つためのメカニズムで、有利なプレー方法につながりをつけた理論である。そして、最終的な人の並べ方がフォーメーションだ。

最も画期的なフォーメーションはWMシステムで、これはオフサイドルールの改正に対応したものだった。アーセナルのハーバート・チャップマン監督が考案したWMは、DFの数を増員する単純なフォーメーションの変化だが、それ自体が大きな戦術的な変化になっていた。それ以降はWMほどの衝撃はなかったとはいえ、ブラジルの4－2－4や4－3－3、イングランドの4

−4−2も戦術的な変化とイコールで語ってもそう間違いとはいえないだろう。

90年代以降は、フォーメーションの変化よりもプレーの質的な変化が重要だ。プレッシングが定着していったこの時期、浅いフラットラインの裏を一発のパスで破る攻撃が有利になっていった。前線の選手の「個の力」とか「ダイレクトプレー」が勝負を分けるポイントとして注目された。だが、ディフェンスラインが下がり、予め裏のスペースを消すようになると、ダイレクトプレーはなかなか狙えなくなってしまう。半面、ディフェンスラインを下げ、連動してプレッシングエリアが下がることで、MFの運動量は増加してよりハードワークが求められるようになる。また、深い位置でボールを奪った後にカウンターができるように大きくて速さもあり、前線でターゲットになれるFWが不可欠になり、稼働範囲の大きいサイドプレーヤーも必要になっていった。

この10年あまりの変化は、フォーメーションよりも選手やプレーの質的な変化であり、従来のフォーメーション対応を超えたしのぎ合いになっている。相手の2トップに対して3バックが有効というような、単純な数合わせの問題ではなくなっている。

では、今後予想される、いや現在進行中の戦術の変化について考えてみる。

ディフェンスラインとプレッシングエリアを下げてカウンターを狙う。そういう戦術が一般化したとすれば、次の質的な変化を予想するのは難しくない。相手が引いているということは、もう一方のチームは相手陣内まではボールを運べるということだ。パスを回して守備陣に揺さぶりをかけ、あるいはドリブルで切り崩し、中央突破にせよサイドアタックにせよ、ペナルティーエリア内のわずかなスペースへ針の穴を通すようなパスを狙っていく攻め方になるだろう。

引いて守るチームとパスを回して攻めるチーム、この2つに分けられる。ただ、その両方をやれないと勝ち上がっていくのは難しい。カウンター主体かポゼッション主体かは、選手の特徴によってどちらかに比重が置かれることになるが、どちらかしかできないのでは困る。カウンターが持ち味のチームであっても、相手に先制されれば点をとらなければならない。そのときに相手に引かれてしまって何もできないのでは、先制された時点で勝負が決まってしまう。また、ポゼッション主体のチームであっても、リードすればある程度引いて守ることになる。つまり、低い位置でのプレッシング&カウンターアタックという戦術と、ポゼッションして引いた相手を攻略する戦術、この2つを状況に応じて使い分けられるチームが有利になる。

そう考えると、サッカーは遅れたボールゲームだということがよくわかる。バスケットボールやハンドボールでは、すでに当たり前に行われている戦術だからだ。ただ、サッカーのフィールドは広く、手よりも不器用な足と頭でボールを扱う。戦術的な発達はピークに達したように思えても、まだまだ先があるだろう。すでに質的な変化という、少々わかりにくい次元でのしのぎ合いに突入してしまったわけだが、この攻防は本格化してそれほど時間も経過しておらず、これからがいよいよ面白いところかもしれないと密かに期待している。

［参考文献］

『別冊サッカーマガジン1981年秋季号　世界のサッカー　ビッグゲームにわいた120年』（ベースボールマガジン社）

西部 謙司（にしべ・けんじ）

1962年9月27日、東京生まれ。

少年期を台東区入谷というサッカー不毛の地で過ごすが、
小学校6年時にテレビでベッケンバウアーを見て感化される。

以来、サッカー一筋。

早稲田大学教育学部を卒業し、商事会社に就職するも3年で退社。

サッカー専門誌の編集記者となる。

95〜98年までフランスのパリに在住し、欧州サッカーを堪能。

現在はフリーランスのサッカージャーナリストとして活躍。

著書に『スローフット なぜ人は、サッカーを愛するのか。』『EAT FOOT おいしいサッカー生活』『Game of People アジアカップ＆ユーロ2004 超観戦記』『1974フットボールオデッセイ』『イビチャ・オシムのサッカー世界を読み解く』（双葉社）、『技術力』『監督力』『最も愛される監督・原博美 ヒロミズム』（出版芸術社）、『「日本」を超える日本サッカーへ』（コスミック） などがある。

デザイン　ゴトウアキヒロ（フライングダッチマン）
写真　PICS UNITED／アフロ

サッカー 戦術クロニクル

発行日　2008年7月26日　初版
　　　　2009年3月24日　第6刷　発行

著　者　西部 謙司
発行人　坪井 義哉
発行所　株式会社カンゼン
〒101-0021
東京都千代田区外神田2-7-1開花ビル4F
TEL 03（5295）7723
FAX 03（5295）7725
http://www.kanzen.jp/
郵便為替 00150-7-130339
印刷・製本　株式会社シナノ

ISBN 978-4-86255-016-3
Printed in Japan
定価はカバーに表示してあります。

サッカー トレーニング革命

常足研究会 監修　五味幹男 著
定価 1,680（税込）　978-4-901782-89-0

「走るサッカー」は“二軸”がつくりだす!!
ワールドクラスのサッカー選手たちの
プレーの“ナゾ”を次々と解き明かす…。
最先端トレーニングを多数収録、実用度アップ!!
あなたのプレーに革命が起こる…。

サッカー プレー革命

常足研究会 監修　五味幹男 著
定価 1,680（税込）　978-4901782-47-0

二軸動作はサッカーのプレーを革命する!!
ロナウジーニョ、ロベルト・カルロスなどの
世界のトップ選手にみられる動作の特徴や
トレーニング法をわかりやすく紹介。
サッカーに夢中なすべての人に読んでほしい一冊。

サッカー ゴールキーパーバイブル

アレックス・ウェルッシュ 著
平野 淳 翻訳　加藤好男 監修
定価 2,310円（税込）
ISBN 4-901782-55-X

世界基準の英国GKプログラム。GKの技術はもとより、そのキーポイントやトレーニング方法を明確かつ詳細に記している。まさに現代サッカーのGKに必要な教本と言い切れる充実の内容。

ジュニアサッカー イングランドのドリル集101 ジュニアユース編

マルコム・クック 著
定価 1,680円（税込）
ISBN 4-901782-54-1

名門クラブ、リバプールの元コーチであるマルコム・クックによるテクニック向上に役立つ101の練習ドリル集。12～16歳までのジュニアユース世代を対象に、理論的なメニューを紹介する。

ジュニアサッカー イングランドのドリル集101 ジュニア編

マルコム・クック 著
定価 1,680円（税込）
ISBN 4-901782-52-5

サッカーの本場イングランドの練習メニューを、わかりやすくイラストとともに解説。101種類の実践的なドリル集により、7～11歳までのジュニア世代が基本テクニックを確実に習得できる。

お求めは全国の書店にて。購入に関するお問い合わせはカンゼンまで。

株式会社カンゼン　〒101-0021　東京都千代田区外神田2-7-1 開花ビル4F
TEL 03-5295-7732　MAIL info@kanzen.jp　ホームページはこちら**http://www.kanzen.jp/**